Helga
Helsper

Das Meer
gehört uns

Zu diesem Buch

Piraterie und Seekriege waren immer besonders grausam. Warum also wählten viele Frauen ein Leben auf See? Es gab ihnen nicht nur Gelegenheit, Männerkleidung zu tragen und das Kommando zu übernehmen, sondern auch, sich den Wunsch der Piratin Lucy Bewer zu erfüllen: »Seelenfrieden und Lebensfreude finden.«
Die Lebensgeschichten von diesen Piratinnen und Seefrauen lagen bisher im dunkeln. Helga Helsper stellt die außergewöhnlichen Persönlichkeiten und unbequemen Unruhestifterinnen aus verschiedenen Jahrhunderten vor: Beginnend mit Teuta von Illyrien, die als Königin eines berüchtigten Piratenreichs den Römern hart zusetzt, bis hin zur geschäftstüchtigen Chinesin Tang Chen-Chiao, die mit ihrer motorisierten Flotte bis 1938 das ostchinesische Meer unsicher machte.

Die Autorin

Helga Helsper wurde 1949 in Herne geboren. Nach Abschluß des Studiums der Sonderpädagogik lebt und arbeitet sie in Bochum als Lehrerin an einer Schule für Körperbehinderte. Seit Jahren ist sie aktiv in der Lesben- und Frauenbewegung, u. a. als Mitarbeiterin im Frauenbuchladen Amazonas. Helga Helsper ist leidenschaftliche Seglerin.

Helga
Helsper

Das Meer gehört uns

Piratinnen und andere Seefrauen

Unionsverlag
Zürich

Die deutsche Erstausgabe erschien 1991
unter dem Titel *Abenteuer auf See*
in der edition ebersbach, Dortmund.

Auf Internet
Aktuelle Informationen
Dokumente über Autorinnen und Autoren
Materialien zu Büchern
Besuchen Sie uns:
http://www.unionsverlag.ch

Unionsverlag Taschenbuch 105
Diese Ausgabe erscheint mit freundlicher Genehmigung
der edition ebersbach, Dortmund.

Rieterstrasse 18, CH-8059 Zürich
Telefon 0041-1 281 14 00, Fax 0041-1 281 14 40

Umschlaggestaltung: Heinz Unternährer, Zürich
Umschlagbild: Ölbild von Philip de Loutherbourg (1740–1812),
»Schlacht des Ruhmreichen 1. Juni 1794« (Ausschnitt),
National Maritime Museum, London
Druck und Bindung: Clausen & Bosse, Leck
ISBN 3-293-20105-9

Die äußersten Zahlen geben die aktuelle Auflage
und deren Erscheinungsjahr an:

1 2 3 4 5 - 00 99 98 97

»Wenn Ihr diesen Brief bekommt, bin ich entweder frei oder tot. Ich will nicht länger die ungerechte Gefangenschaft ertragen, zu der Ihr mich verdammt habt. Warum habt Ihr mich wie meine Brüder aufgezogen? Warum ließt Ihr mich an ihrem Spiel teilnehmen? Warum habt Ihr mich männlich und stark gemacht, nur um mich zu zwingen, jetzt wo ich fünfzehn bin, nichts anderes zu tun, als endlose Gebete zu murmeln? Lebt wohl, vergebt mir, wenn Ihr könnt.

Eure Tochter Catalina.«

Dona Catalina de Erauso, 1607

Inhalt

Vorwort

Die Erde ist, kosmisch gesehen, ein Wasserstern. Ungefähr dreiviertel ihrer Oberfläche sind von Wasser bedeckt. Ich bin, astrologisch gesehen, ein Wasserzeichen, nämlich ein Krebs. Oft werde ich gefragt, ob es eine Verbindung gibt zwischen meinem Sternzeichen und meiner Liebe zum Meer – zum Segeln. Vielleicht, ich kann es nicht beantworten. Soweit ich zurückdenken kann, hat mich Wasser, speziell das des Meeres, angezogen. Sogar schon zu einer Zeit, als ich es real noch gar nicht gesehen hatte, als ich es nur von Bildern und Beschreibungen her kannte.

In meiner Kindheit verbrachte ich viele Stunden in der städtischen Bibliothek auf der Suche nach Büchern über Seefahrt, Seeabenteuer und Meeresbiologie. Damals entdeckte ich auch meine Liebe zu Piratenbüchern und -filmen. Wie sehr wünschte ich mir in meinen Träumen stets, die erste zu sein, die beim Entern eines anderen Schiffes säbelschwingend über die Reling sprang oder heiße Duelle ausfocht. Aber ach, ich war nur ein Mädchen. Nirgends, in keinem Roman, in keinem Buch war etwas zu lesen über Matrosinnen, Kapitäninnen, geschweige denn über Piratinnen. Ich kam einfach nicht vor. Immer standen die Männer im Vordergrund, mit denen ich mich nicht identifizieren konnte.

Vor etwa zehn Jahren habe ich zum ersten Mal von einer Piratin gehört: Anne Bonny. Von ihr wird auch in diesem Buch zu lesen sein. Nun war mein Interesse geweckt. Nicht lückenlos, aber immer wieder mal sammelte, forschte und fand ich im Laufe der Jahre, oft nur in Nebensätzen erwähnt, die Namen anderer Piratinnen oder Abenteurerinnen. Ich war verblüfft, wie viele Seefahrerinnen es doch gab. Viele mußten dafür in die Rolle eines Mannes schlüpfen.

Wollte oder mußte eine Frau allein leben und für ihren Unterhalt sorgen, befand sie sich noch bis vor wenigen Jahrzehnten in einer ausgesprochen mißlichen Lage. Da es vom Mittelalter bis zum Beginn der Neuzeit nur verschwindend wenige Berufsmöglichkeiten für Frauen gab, waren sie auf Vater, Bruder oder Ehemann angewiesen. Der Platz einer Frau ist in ihrer Familie, war die Meinung der Kirche, die dem weiblichen Geschlecht darüber hinaus nur Verachtung entgegenbrachte.

Obwohl es bereits seit dem 13. Jahrhundert mehr Frauen als Männer gab, hatten ledige Frauen in der Gesellschaft vergangener Jahrhunderte keinen Platz. Gab es keine Familie, an die sie sich halten konnten oder wollten, sahen sie sich schnell an den Rand der Gemeinschaft gedrängt. So blieb vor allem den Angehörigen der unteren Schichten oft nur die Prostitution als einzige Möglichkeit zu überleben.

Da verwundert es nicht, wenn Frauen auf der Suche nach Alternativen waren. Eine ganze Reihe von ihnen kam schließlich auf den Gedanken, völlig mit ihrer alten Lebensweise zu brechen und als Mann verkleidet ihr Glück in der privilegierten Männerwelt zu suchen. Geschichten über solche Frauen gibt es überall auf der Welt.

Die Idee, den Rock gegen die Hose zu tauschen, war gar nicht so neu. Denn damit griffen die Frauen auf eine alte Tradition zurück, nach der in Ausnahmesituationen wie Flucht, Reise oder Karneval das Auftreten einer Frau als Mann nicht nur üblich, sondern manchmal geradezu erwünscht war. Doch das galt nicht für das alltägliche Leben. Wer da den Rollenwechsel vollzog, hatte ganz andere Motive: Abenteuerlust, materielle Not oder die Liebe zum eigenen Geschlecht. Für viele Frauen war der Rollentausch aber auch ein Weg, einer unerwünschten, erzwungenen Ehe zu entkommen.

Tausende von Frauen haben das Leben als Männer dem weiblichen Dasein vorgezogen. Allein für die Niederlande des 17. und 18. Jahrhunderts haben Lotte van de Pol und Rudolf Dekker einhundertzwanzig authentische Fälle ausfindig machen können. Dabei handelt es sich jedoch nur um die Spitze eines Eisbergs. Denn nicht jede Frau, die hin und wieder ihr »Geschlecht wechselte«, wurde entdeckt und vor Gericht gebracht oder in Zeitungen oder Abhandlungen erwähnt.

Aus den meisten Lebensberichten solcher Frauen läßt sich ablesen, daß vor allem die Sehnsucht nach mehr Freiheit ausschlaggebend für den Kleidertausch war. Dieser Wunsch betraf durchaus auch den sexuellen Bereich, denn unter diesen Aussteigerinnen gab es viele Lesben. Durch die Männerkleidung konnten lesbische Frauen alle psychischen Zwänge hinter sich lassen und auch intime Beziehungen eingehen. Deshalb spielt diese Zeit der Verkleidung solch eine wichtige Rolle in der Geschichte der lesbischen Liebe.

Verkleidete Frauen gingen mit ihrer Entscheidung ein hohes Risiko ein, da Staat und Kirche das Tragen von Männersachen oft sogar mit dem Tode bestraften. Denn die Bibel verbot den Kleidertausch eindeutig: »Keine Frau darf männliche Kleidungsstücke tragen, und kein Mann darf ein Frauengewand anziehen. Denn jeder, der solches tut, ist Jahwe, deinem Gott ein Greuel« (Deuteronomium, 22, 5). So wurde Jeanne d'Arcs Verbrennung unter anderem damit begründet, daß sie sich standhaft weigerte, das Tragen von Männerkleidung aufzugeben. Dramatische Schicksale von Frauen, deren Verkleidung entdeckt wurde, waren insbesondere im 18. Jahrhundert ein beliebtes Thema in Liedern, Romanen und Theaterstücken.

Wie die Gesellschaft auf den Kleidertausch reagierte, hing vielfach von der sozialen Stellung derjenigen ab, die mit den verkleideten Frauen zu tun hatten. In den unteren Schichten überwog die Ablehnung, während die gehobene Gesellschaft differenzierter urteilte. Hier wurden die Frauen oftmals mit bekannten Heldinnen oder literarischen Vorbildern verglichen, die vor allem Mut bewiesen und ihre Jungfräulichkeit bewahrten.

Einige Frauen haben ihren Rollentausch sogar in gewisser Weise vermarkten können, indem sie Bücher über ihre Abenteuer schrieben. Schwieriger war jedoch die Lage der Frauen, die der lesbischen Liebe verdächtigt wurden oder von denen bekannt war, daß sie sogar eine andere Frau geheiratet hatten.

Es war vor allem die Kombination von Einverleibung männlicher Privilegien einerseits und lesbischer Liebe andererseits, die den Zorn der Gesellschaft auf sich zog. Eine Verkleidung allein hatte nämlich durchaus die Chance, zumindest toleriert zu werden, wenn die Frauen damit keine Privilegien einforderten, ihre weichliche Sittsamkeit bewahrten oder als »Mann« sehr erfolgreich waren.

Besaß eine lesbische Frau jedoch den Mut, nicht nur sexuell ein von Männern unabhängiges Leben zu führen, sondern auch gesellschaftliche Freiheiten für sich in Anspruch zu nehmen, die nur dem anderen Geschlecht vorbehalten waren, dann stellte sie ein öffentliches Ärgernis dar und konnte bei Entdeckung einer Strafe sicher sein.

Warum das Tragen von Hosen bei Frauen mit so viel Mißtrauen betrachtet wurde, mag sich aus der doppelten Bewandtnis von Kleidung erklären. Mieder und Reifrock waren nämlich nicht nur äußerliche Kennzeichen für ein Leben in engen gesellschaftlichen Schranken, sondern ließen es ihre Trägerin auch körperlich ständig spüren, daß ihre Bewegungsfreiheit eingeengt war.

Waren die Motive für eine Verkleidung auch oftmals sehr unterschiedlich, so hatten doch alle Frauen, die sich dazu entschlossen, eines miteinander gemeinsam: das Bedürfnis, ihrer Unterdrückung zu entfliehen, um selbst über ihr Leben zu bestimmen.

Doch zurück zu den Seefrauen. Ihre Spuren finden sich bereits in der Antike, auch wenn dort das Quellenmaterial vornehmlich aus Legenden oder aus einer Mischung von Mythos und Historie besteht. Selten waren die jeweiligen Frauenschicksale von der Geburt bis zum Tode zu verfolgen. Meist fand ich nur einzelne herausragende Episoden aus dem Leben einer Piratin oder Kapitänin geschildert. Das restliche Leben fanden die männlichen Verfasser offensichtlich nicht mehr erwähnenswert.

Das, was ich gefunden und schließlich bearbeitet habe, ist sicherlich nur ein geringer Teil. Ich hoffe jedoch, ein spannender. Die einzelnen Porträts zeigen, daß es für viele Frauen, die zur See gefahren sind, der Versuch war, ihr Leben in die eigene Hand zu nehmen. Das Leben auf See gab ihnen die Gelegenheit, an männlicher Bewegungsfreiheit und männlichen Privilegien teilzuhaben. Von diesen mutigen Frauen soll hier die Rede sein, nachdem sie – wie die Geschichte der Frauen überhaupt – jahrhundertelang aufgrund der Arroganz männlicher Geschichtsschreibung verschwiegen wurden. Historiker jeder Epoche haben dem weiblichen Geschlecht nur wenig Interesse geschenkt. Frauen kommen in der überlieferten Geschichte nicht vor. Anstatt sich den großen Taten von Frauen zu widmen, haben Historiker die Geschichte zensiert und sich nur auf Männer konzentriert. Diese Sichtweise aber ist einäugig, lügnerisch und parteiisch. Hätte ein männlicher Vertreter strategisch so genial gehandelt wie zum Beispiel Artemisia I., so grausam wie die Dame de Clisson, so umfassend und klug wie Lady Killigrew (von der noch nicht einmal der vollständige Name bekannt ist) oder so mutig und selbstbewußt wie Dona Catalina de Erauso, dann wäre jeder Augenblick ihres Lebens von der Geburt bis zum Tode bekannt und alles für die Nachwelt festgehalten.

Männer haben seit dem 3. Jahrhundert v. Chr. Geschichte aufgeschrieben, definiert und gedeutet. Die Geschichte der Frauen wird erst jetzt, seit der Frauenbewegung, aufgezeichnet. Erst jetzt erobern wir Frauen uns den weiblichen Anteil der Geschichte zurück. Frauengeschichte ist wichtig, um das Wissen von Frauen über sich selbst zu erweitern. Deshalb darf Frauengeschichte nicht durch die Brille der Männer gesehen, d. h. mit Werten belegt werden, die Männer definiert haben. Frauengeschichte muß mit den Augen von Frauen gesehen werden. Es wäre zu wünschen, daß auch die Geschichte der Seefahrerinnen umfassend erforscht würde. Das kann dieses Buch nicht leisten. Ich bin keine Historikerin, sondern war lediglich geleitet durch ein besonderes geschichtliches Interesse an lesbisch-feministischen Fragen im allgemeinen und an der Gruppe der seefahrenden Frauen im besonderen.

Von diesen Seefrauen, die von den Männern gern als »Furien«, »seltsame Nonnen«, »Megären« oder »Flintenweiber« bezeichnet wurden, soll hier die Rede sein. Doch zuvor möchte ich einen kurzen Überblick über die Geschichte der Piraterie und über das Leben auf See geben.

Kurze Geschichte der Seefahrt und Piraterie

Das Bild des Piraten ist in der allgemeinen Vorstellung geprägt durch Abenteuerromane oder Spielfilme. In wehendem weißem Hemd, enger schwarzer Hose und mit leuchtendrotem Kopftuch bestimmt er säbelschwingend die Handlung. Doch beziehen sich die meisten dieser Darstellungen nur auf das 17. Jahrhundert, das »Goldene Zeitalter der Piraterie«. Aber Seeräuberei gab es schon lange vorher. Sie ist genauso alt wie die Seefahrt selbst. Denn überall dort, wo sich zwischen Handelszentren Seeverkehr einstellte, entwickelte sich fast immer auch eine sehr lebendige Piraterie. Für das europäische Kulturgebiet sind Raubfahrten seit mehr als dreitausend Jahren nachweisbar. Was das chinesische Meer, die südostasiatische Küste und den Indischen Ozean betrifft, so reichen die Quellen noch weiter zurück.

Zentren des Seeverkehrs und damit auch des Seeraubs waren im Laufe der Geschichte das Mittelmeer, die Ost- und Nordsee, der Ärmelkanal, die Karibik, die Ostküste Nordamerikas, die Westküste Afrikas und der Nordatlantik. Zerklüftete Küsten, Meerengen und Archipele boten guten Schutz, so daß sie für Seeräuberhochburgen wie geschaffen waren.

Auch das Rote Meer war seit altersher eine Brutstätte der Piraterie. Noch bis zur Mitte unseres Jahrhunderts gab es dort Seeräuber. Die frühesten Zeugnisse stellen die Briefe von Echnaton (1379–1362 v. Chr.) und Pharao (1414–1379 v. Chr.) dar, in denen das Problem der Piraterie immer wieder erwähnt wurde. Überaus erfolgreich operierten die Seeräuber jener Zeit in Flottenverbänden, verhängten in gemeinsamen Aktionen Blockaden, kaperten

Handelsschiffe und unterbrachen Schiffsverbindungen. Bei den Griechen der Antike stellten finanzielle Verluste durch Piraterie ein ganz gewöhnliches Risiko dar. Geldverleiher, Schiffseigner und Kapitäne pflegten diese Möglichkeit gleich in ihren Verträgen miteinzukalkulieren.

Kurz nach der Mitte des 2. Jahrhunderts v. Chr. wurde das südliche Kleinasien zu einem blühenden Zentrum der Seeräuberei. Die Piraten hatten sich vor allem auf den Handel mit Sklaven spezialisiert, so daß so mancher Küstenbereich von ihnen nahezu entvölkert wurde.

Einen ihrer Höhepunkte erlebte die Piraterie etwa 70 v. Chr. im Römischen Reich. Beliebtestes Angriffsziel der Seeräuber waren die Schiffsflotten, die Rom mit lebenswichtigem Getreide aus Ägypten versorgten. Aber immer weniger Schiffe kamen durch, so daß in der Stadt am Tiber eine Hungersnot ausbrach. Daraufhin erhielt der römische Feldherr Gnaeus Pompejus 67 v. Chr. den Auftrag, gegen die Piraten vorzugehen. In einer beispiellosen Aktion gelang es Pompejus, innerhalb von vierzig Tagen das westliche Mittelmeer von Seeräubern zu befreien. Bis zum Untergang des Römischen Weltreiches herrschte nun im Mittelmeer die Pax Romana, der Römische Friede.

Die berüchtigten Barbaresken – so der spätere Name für die »Piraten von der Berberküste« – setzten über viele Jahrhunderte von Algier, Tunis, Tripolis und Tanger aus fort, was bereits Griechen, Karthager und Römer vor ihnen im Mittelmeer getrieben hatten. Mit der Zeit der Kreuzzüge erhielt die Seeräuberei einen neuen Akzent. Der Kampf wurde haßerfüllter und grausamer. Bis weit ins 19. Jahrhundert hinein dauerten die Kriege in diesem Seegebiet. Noch auf dem Wiener Kongress (1814/1815) wurde deutlich, daß die Barbaresken aus der Zwietracht der europäischen Großmächte Kapital schlugen. England startete 1816 die erste entscheidende Aktion gegen die Barbareskenstaa-

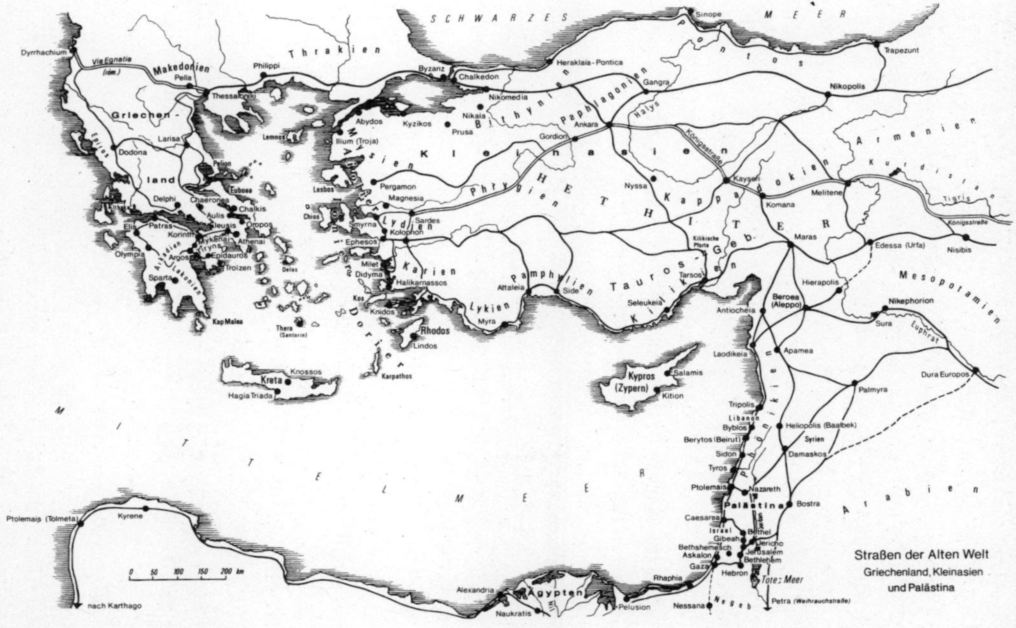

Straßen der Alten Welt
Griechenland, Kleinasien
und Palästina

ten, gefolgt von Frankreich (1830). Sie eroberten Algier von der Landseite her. Das bedeutete auch für die Piraten von Tunis und Tripolis das Ende. Damit war das längste und farbigste Kapitel in der Geschichte der Seeräuberei im Mittelmeer für immer beendet.

Ost- und Nordsee erlangten als Piratenschauplätze nur zeitweise Bedeutung. Die große nordische Seefahrerzeit begann im 7. Jahrhundert. Bevorzugte Ziele der Wikinger waren die reichen Klöster und Kirchen des christlichen Abendlandes. Der Sturm der Normannen legte sich im 10. Jahrhundert, als die Wikinger auf immer ausgeklügeltere Warnsysteme und Verteidungsmaßnahmen stießen. Viele ließen sich schließlich als friedliche Siedler in Mittelengland und an der Nordwestküste Frankreichs nieder.

Die eigentliche Seeräuberei in der Nord- und Ostsee entwickelte sich aus dem sogenannten Strandrecht. Danach durften die Küstenbewohner all das behalten, was an den Strand gespült wurde. Dieses ungeschriebene Gesetz legten die Menschen jedoch immer großzügiger aus: Schiffe wurden absichtlich irregeleitet, Überlebende des Unglücks manchmal sogar getötet, um an die verlockende Fracht zu kommen. Zur direkten Piraterie war es nur noch ein kleiner Schritt.

Um die Mitte des 12. Jahrhunderts nahm der Seehandel immer mehr zu. Solch eine fette Beute wollten sich die Küstenbewohner Frieslands, Dänemarks und Mecklenburgs nicht entgehen lassen. Die Übergriffe auf Handelsschiffe häuften sich. Zu höchster Vollendung wurde die Piraterie von den an der Atlantikküste ansässigen Europäern gebracht, den Franzosen, Holländern und vor allem den Engländern. Sie operierten auf dem Ärmelkanal, der die Hauptschiffahrtsstraße zwischen Holland und seinen Handelspartnern in Dänemark, den Ostseeländern, Spanien und Portugal darstellte.

Manchmal hielten Piraten es für vorteilhafter, ihre Dienste kriegführenden Ländern anzubieten. Diese mehr oder weniger legalen Hilfstruppen der Marine wurden Freibeuter genannt und hatten seit dem 13. Jahrhundert an allen bedeutenden Seekriegen teilgenommen.

Die Freibeuter spielten aber auch eine wichtige Rolle zu der Zeit, da England und Frankreich noch nicht an der Aufteilung der »Neuen Welt« beteiligt waren. Königin Elisabeth I. hatte sie mit einem offiziellen Kaperbrief ausgerüstet, so daß sie mit ausdrücklichem Einverständnis der Krone die karibischen und pazifischen Küsten von Spanisch-Amerika unsicher machten. Damit bildeten die Freibeuter Englands erste Vorhut bei der Anmeldung von Eigentumsbedarf.

Die Geschichte der Bukaniere – so nannten sich die karibischen Piraten – ist eng verbunden mit der Kolonialgeschichte. Die Bukaniere verdankten ihren Namen der Tatsache, daß sie ihren Lebensunterhalt durch die Jagd auf wilde Schweine verdienten, deren Fleisch sie in Streifen schnitten, räucherten und damit zu Schiffsproviant verarbeiteten (franz.: boucaniers = Fleischräucherer). Die Bukaniere trieben zunächst eine ganze Weile regen Handel mit Piraten und Schmugglern. Aber gegen Ende des 16. Jahrhunderts ging das Wild zur Neige, und die Bukaniere eiferten immer häufiger ihren Kunden nach, bis sie schließlich selbst Piraten wurden.

In der ersten Hälfte des 17. Jahrhunderts gelang es England, Frankreich und Holland, die ersten Territorien zu besetzen und eigene Kolonien zu gründen sowie Handel zu treiben. Unterstützt wurden sie dabei von der Gemeinschaft der »Ausgestoßenen«, den Piraten, die keine nationale Bindung besaßen. Was sie vereinte, war der Kampf gegen die spanische Ordnungsmacht.

Bald war Spanien nicht mehr in der Lage, das Gewirr

von Hunderten Inseln und die langen Küsten Süd- und Mittelamerikas wirksam zu schützen. Es gab kein Warnsystem, und außerdem schlugen die Angreifer blitzschnell zu und verschwanden nach der Plünderung der Städte wieder genauso rasch, wie sie gekommen waren.

Gegen Ende des 17. Jahrhunderts hatten die Briten, Franzosen und Holländer ihre Kolonien einigermaßen gefestigt und die Allmacht Spaniens gebrochen. Bis zu diesem Zeitpunkt hatten ihnen die Seeräuber nach Kräften geholfen. Jetzt aber wollten die Kolonialstaaten »ehrlichen und friedlichen Handel« treiben, womit die große Zeit der Bukaniere beendet war.

Die jeweiligen Regierungen ließen ihre ehemaligen »Bündnisgenossen« einfach fallen, ohne ihnen in irgendeiner Form Unterstützung zu gewähren. Daraufhin spalteten sich die Piraten in verschiedene Gruppen auf und segelten »gegen alle Flaggen«. Es folgten die Jahrzehnte, in denen all diese schillernden Figuren auftauchten, die noch heute Abenteuerromanen und -filmen Farbe verleihen.

Nur noch vereinzelt stellten Gouverneure kleinerer Inseln Kaperbriefe aus. So flüchteten viele Seeräuber an die amerikanische Küste in der Gegend von New York und Charleston. Andere segelten in den Pazifischen Ozean, ins Rote Meer, den Persischen Golf oder in den Indischen Ozean. Die offene Jagd auf die Seeräuber wurde dann mit dem von den Briten erlassenen »Act of Piracy« eröffnet, der Admiräle und Gouverneure ermächtigte, alle Piraten abzuurteilen. Viele Seeräuber traten die Flucht an, nur einige von ihnen nahmen den Kampf auf. Doch einer nach dem anderen wurde aufgespürt und vernichtet. Aber auch danach gab es noch vereinzelt Piraterie. Denn der internationale Seehandel expandierte immer mehr. An fast allen Küsten der Welt waren Häfen und Handelshäuser gegründet worden, und Schiffe aller Größenordnungen segelten mit ihrer wertvollen Fracht über ein neues, weites Netz von Schiffahrtsstraßen.

Das endgültige Aus für den Seeraub kam schließlich durch den technischen Fortschritt. Die neuen Dampfschiffe erwiesen sich als deutlich überlegen gegenüber den Segelbooten der Seeräuber, und durch die drahtlose Telegraphie konnte frühzeitig gewarnt sowie rasch Hilfe herbeigerufen werden. Damit verschwanden die schwarzen Flaggen von den Meeren. Die Piraterie in ihrer klassischen Form ist heute tot.

Leben auf See

Die Crew an Bord eines Piratenschiffes war meist eine bunt gemischte Horde. Die Palette reichte von derben Rohlingen, willensschwachen Spielern und skrupellosen Verbrechern über elegante, blasierte Aristokraten, rechtschaffene Bürger, Wissenschaftler und reiche Reeder bis hin zu Idealisten, Reformern und Freiheitskämpfern. Das gilt besonders seit dem 17. Jahrhundert, der Blütezeit der Seeräuberei. Die meisten Aufzeichnungen über das Alltagsleben der Piraten stammen aus dieser Epoche.

In der Regel bestand eine Mannschaft aus einhundertvierzig bis einhundertachtzig Leuten. Doch zweihundert und mehr Besatzungsmitglieder waren keine Seltenheit. Der weitaus größte Teil der Piraten war von Beruf Matrose. Sogenannte »Landratten« waren, mit Ausnahme der Ärzte und der Musikanten, nicht sonderlich an Bord willkommen. Denn jeder in dieser Gemeinschaft mußte einen Marlpfriem von einem Senkblei unterscheiden und Segel festmachen und reffen können.

Ein Teil der Seeräuber war von der Marine desertiert. Die Mehrheit gehörte jedoch vorher zu der Besatzung gewöhnlicher Kauffahrer. Oft waren es auch Meuterer, die auf ihrem Handels- oder Marineschiff die Macht übernommen hatten und so zu Piraten wurden.

War ein Seeräuberschiff unterbesetzt, was durch Krankheit, Desertion oder Tod im Kampf passieren konnte, warb man neue Crewmitglieder von aufgebrachten Schiffen. Kamen sie nicht freiwillig, wurden sie gepreßt.

Verglichen mit dem Dienst auf Kauffahrern und Kriegsschiffen war das Seeräuberleben jedoch höchst verlockend. Nicht nur wegen der größeren Gewinnchancen, sondern vor allem wegen der Gleichberechtigung, die unter den Piraten häufig zu beobachten war und im krassen Gegensatz zu der strengen Hierarchie auf anderen Schiffen stand.

Der Haß auf Autoritäten jeder Art war deshalb ein grundlegendes Merkmal eines echten Seeräubers. Ein Piratenkapitän namens Charles Bellamy sagte einmal dazu: »Arme werden ausgeraubt unter dem Deckmantel des Gesetzes. Wir aber plündern die Reichen unter dem Schutz allein unserer Courage.«[1]

Neben den Ungerechtigkeiten und Härten jener Zeit war der Reiz des Goldes eine weitere starke Motivation, der Justiz den Rücken zuzukehren. Der Lohn auf einem Piratenschiff lag eindeutig höher als das Risiko. Da jemand bereits für das Stehlen eines einzigen Schillings gehängt werden konnte, verlor der Galgen bei der Aussicht auf ein ganzes Vermögen vollkommen seinen Schrecken.

Der berühmte Seeräuber Barthólomew Roberts sah das so: »In einer ehrbaren Stellung gibt es karge Rationen, niedrige Löhne und harte Arbeit – in dieser dagegen Hülle und Fülle, Vergnügen und Sorglosigkeit, Freiheit und Macht; und wer würde da nicht das Haben auf dieser Seite verbuchen, wenn das einzige Risiko, das man dabei eingeht, schlimmstenfalls in einem bitteren Blick auf den Strick besteht.«[2]

Selbst unter den besten Bedingungen war das Leben auf See hart. Aber für jemanden, der Individualität, Reichtum und Flucht aus der Unterdrückung wollte, war das Leben an Bord eines Piratenschiffes ein möglicher Weg.

Das galt auch für die Frauen, die sich für die Seeräuberei entschieden. Hier konnten sie ihre Vorstellungen von persönlicher Unabhängigkeit verwirklichen, konnten sich Freiheiten herausnehmen, die ihnen die strenge Gesellschaft an Land niemals zugebilligt hätte.

An Bord eines normalen Schiffes wurde die Mannschaft,

vor allem der einfache Mann, über Jahrhunderte versklavt, gepreßt und ausgebeutet. Entsprechend war auch das Regime an Bord. So wurden zum Beispiel auf einer Galeere bis zu sieben verschiedene Essen für die unterschiedlichen Mannschaftsgrade ausgeteilt. Die Galeerensklaverei hat sich bis ins 17. Jahrhundert hinein erhalten.

Unmenschlich hart war auch das Leben an Bord der Segelschiffe. Matrosen waren einem Katalog von Bestrafungen ausgesetzt und manchmal den Schikanen sadistischer Offiziere unterworfen. Einige ließen ihre Besatzung Kakerlaken schlucken, schlugen ihnen die Zähne ein und nötigten sie, ihr eigenes Blut zu trinken. Die häufigste Strafe war das Auspeitschen. Das Kielholen, Spießrutenlaufen und das Aufhängen an den Rahen oder das Eintauchen von den Rahen aus sowie das Nachschleppen an Heck waren Foltermethoden, bei denen viele ihr Leben ließen. Die Strapazen einer längeren Seereise waren auch ohne diese Folterungen furchtbar genug. Die Seeleute litten häufig unter der mangelnden Ernährung. Wasser und Proviant reichten oftmals für die Dauer einer Reise nicht aus. Die Hälfte der Besatzung wurde krank. Typhus und Skorbut forderten zahlreiche Todesopfer. Die ohnehin schwere Arbeit mußte dann von dem Rest der Crew übernommen werden.

Verständlich, daß nur wenige Männer bereit waren, Dienst auf einem Kriegsschiff oder Heuer auf einem Kauffahrer anzunehmen. Viele Seeleute wurden an Bord gepreßt, indem sie betrunken gemacht und dann auf das jeweilige Schiff geschleppt wurden. Manche Länder erließen Verbrechern den Rest ihrer Strafe, wenn sie sich zum Dienst an Bord verpflichteten. Da ist es kein Wunder, daß Meutereien und Fahnenflucht bis weit ins 19. Jahrhundert an der Tagesordnung waren. So verlor zum Beispiel die britische Marine im amerikanischen Unabhängigkeitskrieg

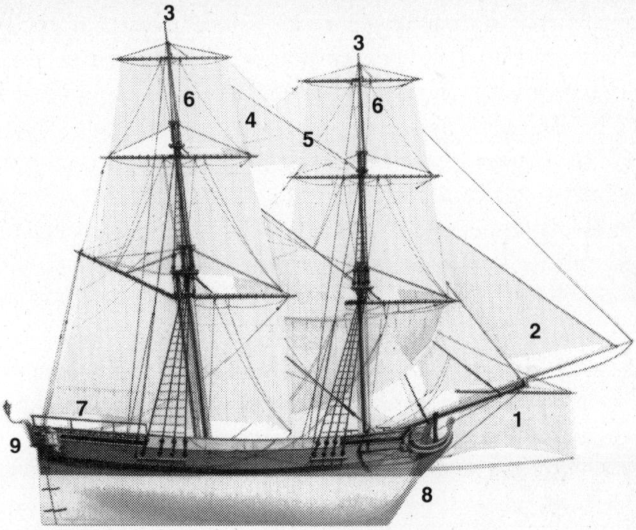

1 Klüverbaum 2 Vorsegel 3 Topp 4 Gaffelsegel 5 Gaffel
6 Gaffelsegel 6 Toppsegel 7 Poop 8 Bug 9 Heck

1243 Soldaten im Kampf gegenüber 42 069 durch Desertion.

Das harte Leben an Bord hing jedoch nicht unwesentlich mit der Beschaffenheit eines Segelschiffes zusammen. Die Schiffe bestanden aus Holz und waren nicht nur düstere, sondern auch feuchte Orte, in denen der Gestank von Bilgewasser und verdorbenem Fleisch hing. Ein Holzschiff leckte eigentlich immer, auch wenn es noch so gründlich kalfatert wurde. Drang erst einmal Wasser in das Unterdeck oder ins Schiffsinnere, so wurde es kaum wieder trocken. Daher erkrankten die Seeleute neben Skorbut und Typhus vor allem an Katarrhen, Erkältungen und Krämpfen. Piraten litten zudem unter furchtbarer Überbelegung. Denn die Besatzung eines Piratenschiffs war drei- bis viermal so groß wie auf einem Handelsschiff, um sämtliche Geschütze bedienen und um entern zu können.

Allen Schiffsbesatzungen gemeinsam war die Seuchengefahr, der sie sich ständig ausgesetzt sahen. Denn überall an Bord gab es unzählige Winkel und Ritzen, die nie gesäubert und getrocknet werden konnten. Dieser Schmutz war Brutstätte und Lebensraum für Kakerlaken, Käfer und Ratten, was den Seeleuten Krankheiten wie Malaria, Ruhr und Gelbfieber einbrachte.

Gemeinsam war Piraten und Matrosen auch die miserable Verpflegung. Für den Seeräuber hieß es Festtag oder Fasttag. Nur wenn sie an Land gingen oder einen Kauffahrer mit gut gefüllter Speisekammer aufbrachten, gab es eine anständige Mahlzeit.

Ansonsten unterschied sich das Leben an Bord sehr deutlich voneinander. So kamen bei den Piraten noch tägliche Übungen im Pistolenschießen und Fechten hinzu, da das Überleben einer Seeräuber-Crew doch wesentlich von der Geschicklichkeit im Umgang mit ihren Waffen abhing. Die Männer simulierten Nahkämpfe an Bord und besprachen dabei gemeinsam die anzuwendenden Tricks.

Während der Fahrten oder bei längeren Aufenthalten an Land übten sich die Piraten auch in einem sehr ungewöhnlichen Spiel, dem »Scheinprozeß«. Heutigen Rollen- oder Planspielen ähnlich, dachten sie sich ihren eigenen Prozeß nach der Festnahme aus. Jeder an Bord übernahm eine Rolle, zum Beispiel als Richter, Anwalt, Geschworener, Wärter oder Henker. Auf diese Weise setzten sie sich mit der unliebsamen Gerichtsverhandlung und der möglichen Hinrichtung auseinander.

Im Gegensatz zu anderen Seefahrern besaßen Piraten ihr Schiff gemeinsam und arbeiteten für niemanden. Der Kapitän wurde von allen gewählt und war jederzeit wieder absetzbar. Er besaß keine konstitutionelle Autorität und keine besonderen Vorrechte, lediglich das Privileg des doppelten Beuteanteils. Der erste Mann an Bord war ausschließlich Navigator und Gefechtsleiter. Kapitän wurde nur derjenige, der dafür besonders geeignet schien. Er mußte »pistolenfest« sein, wie die Piraten es nannten.

Gleich nach dem Kapitän war der Quartermeister die wichtigste Person an Bord. Er hatte die Funktion eines Friedensrichters und war ermächtigt, kleinere Vergehen zu bestrafen. Über schwerere Vergehen konnten nur Geschworene entscheiden. Der Maat war für die Auswahl und Verteilung der Beute zuständig. Genau wie der Kapitän war er dem Willen der Crew unterworfen und wurde von dieser gewählt oder auch abgesetzt. Alle übrigen Offiziere wie Segelmeister, Bootsmann, Geschützmeister und Zimmermann wurden vom Kapitän beziehungsweise vom Quartermeister ernannt.

Schiffsärzte waren sehr selten, aber auf jedem Schiff wegen der zuvor beschriebenen Krankheiten und der Verwundungen im Grunde genommen dringend erforderlich. War kein Arzt an Bord, sprang der Schiffszimmermann ein.

Die beliebtesten Besatzungsmitglieder waren die Angehörigen des Orchesters. Von daher wurden von gekaperten Schiffen gern Seeleute mit musikalischer Begabung shanghait. Das Orchester spielte zu den Mahlzeiten oder zu außergewöhnlichen Anlässen zur Unterhaltung auf. Seine wichtigste Aufgabe war es, während des Gefechts mit Pauken und Trompeten Seemannsweisen und grausame Kriegslieder zu spielen. Dadurch sollten die eigenen Leute angefeuert und der Feind demoralisiert werden. Meist jedoch handelte es sich bei dieser »Musik« nur um ein fürchterliches Getöse.

Das Leben an Bord verlief nach festen Regeln, die in einer Piratenordnung festgehalten waren. Wer einer Besatzung beitrat, mußte diese Regeln unterschreiben und schwören, sie zu befolgen. Die einzelnen Punkte variierten leicht von Schiff zu Schiff, hatten aber alle zum Ziel, Leistungsfähigkeit, Einheit, Sicherheit und Wohlergehen einer Besatzung zu erhalten. Außer im Gefecht wurden alle wichtigen Entscheidungen an Bord gemeinsam getroffen. Enterten sie ein anderes Schiff, preßten sie in der Regel niemanden der anderen Besatzung, zu ihnen zu kommen, da es fast immer genügend Freiwillige gab.

Oberstes Gebot bei Kaperfahrten war gegenseitige Hilfe. Diese Unterstützung war eine Grundbedingung zum Überleben. Persönliche Auseinandersetzungen wurden nie an Bord, sondern stets an Land ausgetragen. Der Streit wurde dann mit Pistole und Säbel ausgeräumt.

So etwas wie eine Piratenordnung gab es bereits bei den Wikingern. Dazu gehörte, daß sie ein Achtel ihrer Beute als Hafenzoll an die Stadtverwaltung abgaben oder daß sie vor jeder Ausfahrt beichteten und Buße taten. Ähnliche Vorbereitungen, die der inneren Festigung dienten oder eine magische Bedeutung besaßen, finden sich auch bei anderen Völkern.

Seeräuber waren gute Segler, die mit der Fregatte ein besonders schnelles und wendiges Schiff benutzten. Das war sehr wichtig, wenn sie schnelle Kauffahrer jagten oder wenn sie von Kriegsschiffen verfolgt wurden, die ihnen oft nicht nur an Geschwindigkeit, sondern auch an Bewaffnung überlegen waren.

Von großer Bedeutung war auch der tadellose Zustand des Piratenschiffes. Es wurde regelmäßig kalfatert und kielgeholt, um Schäden am Rumpf auszubessern oder ihn von Muscheln und Algen zu befreien. Meist hatten die Seeräuber aber weder Zeit noch Geduld für diese Arbeiten. Deshalb zogen sie es vor, ihr Boot auf See gegen ein anderes auszutauschen.

Die Piraten gingen stets mit viel Überlegung vor, wenn

sie ein Schiff kapern wollten. In der Regel erspähten sie ihre Beute, ehe sie selbst entdeckt wurden. Dann beobachteten sie den gegnerischen Segler gründlich durch das Fernrohr, um herauszufinden, um welche Sorte Schiff es sich handelte. Es war nicht einfach, ein schwerbewaffnetes von einem verhältnismäßig leichtbewaffneten zu unterscheiden, da manche Handelsschiffe an den Seiten falsche Geschütze aufgemalt hatten. Daher beschatteten die Seeräuber ihre Opfer stunden- und sogar tagelang, ehe sie zuschlugen. Ob sie schließlich angriffen, wurde von der Besatzung in allgemeiner Abstimmung entschieden.

Die Piraten waren Meister der Psychologie und eroberten viele Schiffe nur dadurch, daß sie ihre Gegner so in Furcht und Schrecken versetzten, daß diese sich schließlich ohne Kampf ergaben. Schon der Anblick der schwarzen Seeräuberflagge mit dem Totenkopf, der sogenannte »Jolly Roger«, konnte bei den Besatzungen der gegnerischen Schiffe den Angstschweiß ausbrechen lassen.

Kamen sie dann näher an das Piratenschiff heran, hörten sie die fürchterlichen Kakophonien des Bordorchesters und erblickten die Seeräuber, die auf dem Poop- und Achterdeck »Wind« machten. Unter wilden Drohgebärden tanzten sie herum und stießen markerschütternde Kriegsschreie aus. Dabei fuchtelten sie mit ihren Waffen herum und schlugen die Entermesser aneinander, die durchdringend klirrten. Diese Vor-Enterpraktiken sollten unter anderem auch eine zahlenmäßige Überlegenheit demonstrieren.

Wenn all diese Einschüchterungsversuche nichts nutzten, kam es zur Enterung. Dann entbrannte eine Schlacht, die gewöhnlich von den Piraten gewonnen wurde. Waren die Enterhaken am gegnerischen Schiff befestigt, rutschten etliche der Seeräuber über die Rahen, andere schoben sich über das Galionsdeck. Ein paar von ihnen standen im Mastkorb und beobachteten von dort aus das Geschehen, um im Notfall durch einen gezielten Schuß ihre Gefährten aus der Bedrängnis zu befreien.

Die Piraten waren im Nahkampf schon aufgrund ihrer besseren Bewaffnung überlegen. Ihre Ausrüstung bestand aus Pistolen, kurzem Säbel, Axt und Entermesser sowie verschiedenen Granaten. Die Schlacht war in der Regel kurz, führte aber zu einem wahren Blutbad.

Nach dem Gefecht wurden die Gefangenen verhört und die gesamten Beutestücke neben dem Hauptmast auf dem Piratenschiff aufgestapelt, um später an Land verkauft zu werden. Der Erlös ging zu gleichen Teilen an die einzelnen Crewmitglieder. Nur wenn jemand während des Gefechts besondere Leistungen vollbracht hatte, erhielt er eine Extra-Prämie. Jeder Prise folgte außerdem eine Feier mit üppigem Essen und Zechgelage. Während es bei den einen rauher zuging, wurden auf anderen Schiffen sogar Ständchen gebracht oder kleinere Theaterstücke aufgeführt.

Aber nicht nur ans Feiern, sondern auch an die Möglichkeit von »Arbeitsunfällen« wurde gedacht. Es wurden Entschädigungen gezahlt, die genau festgelegt waren. Für den Verlust eines Fingers, Ohres oder Auges erhielt der Betroffene einhundert Stücke von Achten. Das waren Silbermünzen im Wert von acht Realen oder einem Dollar, die oft für Kleingeld in Stücke gehackt wurden.

Für den Verlust einer Hand gab es vierhundert Stücke von Achten, für den linken Arm fünfhundert Stücke von Achten. Sechshundert Stücke von Achten wurden bei der Amputation des rechten Armes oder eines Beines gezahlt. Der Verlust beider Augen wurde mit eintausend, beider Beine mit eintausendfünfhundert und beider Hände mit eintausendachthundert entschädigt. Je einhundert Stücke von Achten konnten auch mit einem Sklaven beglichen werden.

Die Seeräuber waren damit in bezug auf Kranken- und Invalidenversicherung den Europäern jener Zeit weit voraus. Kein Staat, kein Unternehmen dachte damals an eine derartige soziale Versorgung. Sie wurde möglich, da von jeder Beute eine bestimmte Summe nur für diesen Zweck abgezweigt wurde. Eine ausgesprochene Hinterbliebenenrente kannten die Piraten hingegen nicht. Doch fiel eines der Besatzungsmitglieder, so wurde sein rechtmäßiger Beuteanteil an die nächste auffindbare Verwandtschaft gezahlt.

Aber auch wenn die finanziellen Angelegenheiten an Bord der Seeräuberschiffe sehr strikt geregelt waren, maßen doch die meisten von ihnen Geld keine große Bedeutung zu. Erst einmal an Land, gaben die Piraten ihren sauer verdienten Lohn gleich aus. Nur einige von ihnen betrieben so etwas wie Altersvorsorge, indem sie geraubte Juwelen, Münzen und andere nicht schnell verrottbare Kleinodien auf unbewohnten oder unwirtlichen Inseln versteckten.

Das harte Leben auf See hielt eine ganze Reihe besonders mutiger Frauen nicht davon ab, diesen ungewöhnlichen Weg einzuschlagen. Lotte van de Pol und Rudolf Dekker, die für die Niederlande des 17. und 18. Jahrhunderts einhundertzwanzig authentische Fälle von Frauen in Männerkleidung gefunden haben, stellten bei ihrer Untersuchung fest, daß mehr als die Hälfte der beschriebenen Frauen auf einem Schiff als Matrose oder als Marinesoldat angeheuert hatten. Viele von ihnen kamen aus den unteren Schichten und litten unter materieller Not. Sie sahen in der Seefahrt einen Bereich, in dem sie nicht nur ihren Lebensunterhalt verdienen konnten, sondern sogar berufliche Aufstiegschancen besaßen. Da stets Seeleute gesucht wurden, war es für verkleidete Frauen relativ leicht, angeworben zu werden. Doch mußten sie große Sorgfalt darauf verwenden, nicht entlarvt zu werden.

Allegorische Darstellung eines weiblichen Seeräuber-Maats

Armee und Marine verbaten die Anwesenheit von Frauen prinzipiell. Wurden sie entdeckt, hatten sie wenig Nachsicht zu erwarten. Ausnahmen wurden nur dann gemacht, wenn es sich bei der Frau um eine gesellschaftlich anerkannte Person, zum Beispiel eine Königin, handelte. Verkleidete Frauen lebten in ständiger Angst vor Entdekkung. So soffen, rauften und fluchten sie genauso wie ihre Mannschaftskameraden oder galten manchmal sogar als ganz besonders rauhe »Burschen«. Beim geringsten Anlaß prügelten sie sich und prahlten mit ihren Liebesabenteuern. Zur Enttarnung kam es dann meistens nicht, weil sie bei ihrer Arbeit versagt hätten, dumm, schwächlich oder ängstlich gewesen wären, sondern meist nur durch einen Zufall.

An Bord war es ausgesprochen schwierig, den Rollentausch zu verbergen. Die engen Unterkünfte unter Deck, in denen die Mannschaft oft monatelang dichtgedrängt zusammenlebte, erlaubten keine Privatsphäre. Mangelnde Vorsicht beim Waschen oder Kleiderwechsel konnte da durchaus zur Entdeckung führen. Vielfach waren aber eine Verwundung oder eine Krankheit der auslösende Faktor. Vor dem Arzt konnte das wahre Geschlecht nicht verborgen bleiben. Es gab aber auch Fälle, in denen sogar positiv auf das Aufdecken einer Verkleidung reagiert wurde. Hatten Frauen ihre Rolle lange genug durchgehalten und als Matrosin oder Soldatin vielleicht besondere Leistungen vollbracht, dann konnten sie sogar die – häufig allerdings mißgünstige – Bewunderung von seiten der Gesellschaft ernten oder wurden wenigstens als eine Ausnahme, als »geschlechtslose Neutren« akzeptiert.

Das gilt vor allem seit dem Mittelalter. In der Antike noch und zu Zeiten der Wikinger wurde Frauen, die ihr Glück auf See suchten, mit wesentlich mehr Toleranz oder gar Hochachtung begegnet, wie die beiden folgenden Kapitel zeigen.

Dominante Persönlichkeiten
Seefrauen in der Antike

Da die Piraterie so alt wie die Seefahrt ist, müßte man die Spur der Seeräuberinnen eigentlich bis in das Altertum und die Antike zurückverfolgen können. Aber dort gibt es nur einige wenige Anhaltspunkte. Selbst bei den Amazonen ist nichts über eine Piratin überliefert; diese Kriegerinnen galten gemeinhin als schlechte Seefahrerinnen.

Das antike Frauenbild war alles andere als negativ. Frauen galten weder als körperlich schwach noch als emotional ungefestigt oder geistig unterentwickelt. In den Annalen werden sie sogar als Wagenlenkerinnen, Jägerinnen, Matrosinnen und Priesterinnen dargestellt. Und niemand zweifelte damals an ihrer Fähigkeit, sich in diesen Bereichen zu behaupten. Das weibliche Geschlecht genoß ein hohes Ansehen. Adlige Frauen in Athen und Rom verfügten über Macht und Privilegien, und sogar die enfachen Frauen aus dem Volke hatten soziale und ökonomische Bedeutung. Frauen besaßen und kontrollierten Geld und Eigentum. Sie hatten innerhalb des Hauses das Sagen, wenn auch der Mann formales Oberhaupt der Familie war. In damaligen Verträgen, meist Eheverträgen, wurden die individuellen Rechte der Frauen akzeptiert. Frauen galten als gleichberechtigte Partnerinnen und leisteten auch in der Politik Außerordentliches. Weibliche Staatsoberhäupter waren keine Seltenheit.

So herrschte im Ägypten des 3. Jahrhunderts v. Chr. Arsinoe II. gemeinsam mit ihrem Bruder und ihrem Ehemann Ptolemaios. Dabei ist überliefert, daß es eigentlich Arsinoe war, die die höchste Staatsmacht innehatte. Die Herrscherin war vor allem für die Ausweitung der ägyptischen Seemacht verantwortlich, der eine ganz besondere

Bedeutung zukam. Ägypten war auf Einfuhren angewiesen, und die notwendigen Güter wurden auf dem Seeweg herbeigeschafft. Einige dieser Transporte führten über die gesamte Länge des Roten Meeres, das von alters her ein Tummelplatz für Piraten war. Die königliche Seemacht hatte die Aufgabe, die Handelsschiffe vor den Piraten zu schützen.

Auch auf der Seite der Piraten herrschte eine Frau, Teuta von Illyrien. Im 3. Jahrhundert bestieg sie nach dem Tode ihres Mannes, König Agron, den Thron. Damit wurde sie zur Königin über eines der berüchtigtsten Piratenreiche jener Zeit, das an der Küste des ehemaligen Jugoslawien lag.

Ohne Protest akzeptierten die Seeräuber Teuta als ihre neue Königin. Dafür bot sie den Piraten während ihrer Regierungszeit die Chance, ihre Raubfahrten noch weiter auszudehnen. Mit einer besonders schnellen und leichten Bootsgattung, der Liburnia, machten die Seeräuber vor allem Jagd auf römische Handelsschiffe.

Lange Jahre waren die Illyrer unumschränkte Gebieter in der Adria, bis der römische Senat schließlich Vergeltung verlangte. Im Jahre 230 v. Chr. schickte Rom eine Gesandtschaft nach Illyrien, um durch Verhandlungen zu erreichen, daß die Piraten keine römischen Schiffe mehr kaperten.

Die Gespräche mit Teuta dauerten mehrere Tage. Am Ende gab die Königin den Gesandten deutlich zu verstehen, daß es sich bei den Kaperfahrten nicht um gemeine Piraterie handele, sondern um eine »private« Angelegenheit, in die sie sich nicht einmische. Außerdem, so argumentierte sie, könne in ihrem Staat jeder nach freien Stücken entscheiden.

Kurze Zeit später wurde einer der römischen Gesandten ermordet aufgefunden. Er hatte es gewagt, Teuta zu entgegnen, daß es bei den Römern üblich sei, auch privat erlittenes Unrecht von Staates wegen zu verfolgen. Die anderen Legaten konnten unbehelligt, wenn auch unverrichteter Dinge, nach Rom zurückkehren.

Die mächtige Stadt am Tiber ließ nicht lange auf eine Antwort warten. Im Jahre 229 v. Chr. rüstete Rom eine riesige Flotte aus und zog gegen Illyrien. Aber nicht der Kampf, sondern der Verrat des Vasallenfürsten Demetrios von Pharos entschied über das Schicksal des Piratenreiches. Nur so konnten die römischen Legionen Illyrien erobern. Die Liburnia, der wendige Bootstypus der Illyrer, wurde von den Römern später in die eigene Kriegsflotte aufgenommen.

Weiter östlich von Illyrien hatten sich auch die Kreter einen Ruf als gefährliche Seeräuber erworben. Doch beide wurden noch übertroffen durch die Kilikier. Kilikien lag an der anatolischen Südküste, deren zerklüftete Felsen den Piraten genügend hochgelegene Spähplätze und sichere Stützpunkte boten, während das unwegsame Hinterland sie vor Angriffen schützte.

Eine große Zahl dieser verwegenen Männer unterstützte Artemisia I., die im 5. Jahrhundert v. Chr. als »Admiral-Königin« bekannt wurde. Laut Herodot, dem römischen Geschichtsschreiber, galt sie als eine ausgesprochen tapfere und entschlossene Frau. Diese Eigenschaften und nicht persönliche Rachemotive brachten die Herrscherin dazu, sich der Kunst der Kriegsführung auf See zu widmen.

Artemisia stammte väterlicherseits aus Halikarnassos und mütterlicherseits aus Kreta. Nach dem Tode ihres Mannes bestieg sie anstelle ihres minderjährigen Sohnes den Thron von Halikarnassos.

Die »Admiral-Königin« galt als eine glänzende Strategin, die einen Vergleich mit persischen Generälen nicht zu

Piratenkönigin Teuta von Illyrien

scheuen brauchte, wie sie von sich selbst behauptete. Bei der Schlacht von Marathon schlug die gefürchtete Artemisia ihren Feind so verheerend, daß die Athener ein hohes Kopfgeld auf sie aussetzten.

Im Jahre 480 v. Chr. nahm sie mit fünf Schiffen gemeinsam mit dem Perserkönig Xerxes an der Seeschlacht von Salamis gegen die Griechen teil. Artemisia befehligte die Halikarnasser, Koer, Nisyrer und Kalydnier. Wie Herodot berichtete, stellte die »Admiral-Königin« damit die ruhmvollsten Schiffe des gesamten Heeres und gab von allen Verbündeten Xerxes die besten Ratschläge.

Es war ein langer Kampf, an dessen Ende Artemisia sich trotz ihrer Geschicklichkeit zur Flucht wenden mußte. Doch heißt es von ihr, daß sie als letzte mit ihrem Schiff die Seeschlacht verließ.

Artemisia überlebte die Persischen Kriege, starb aber keines natürlichen Todes. Von ihr sagt der Geschichtsschreiber, daß sie sich in einen jüngeren Mann verliebt hätte, der sie zurückwies. Aus Kummer darüber habe sie sich in einem Moment rasender Trauer von einem Felsen gestürzt.

Noch eine weitere Frau der Antike machte als kriegerische Seefahrerin von sich reden: Elissa aus Phönizien. Die Prinzessin lebte im 8. Jahrhundert v. Chr. und stammte aus der Stadt Tyrus. Als junges Mädchen wurde sie mit dem reichen Reeder und Kapitän Sicharbas (grch.: Sychäus) verheiratet. Sicharbas, der größte Landbesitzer Phöniziens, verdankte seinen riesigen Reichtum wahrscheinlich Beutezügen auf See.

Eines Tages beschloß Pygmalion, der König von Tyrus und Elissas Bruder, das Flaggschiff des Schwagers zu überfallen. Elissa erfuhr von dem Vorhaben ihres Bruders und schaffte es, ihren Mann rechtzeitig zu warnen.

Dieser brachte daraufhin seine wertvolle Fracht an einer abgelegenen Stelle in Sicherheit, um selbst wieder an Bord zurückzukehren. Dort wartete bereits Pygmalion auf ihn. Mit aller Gewalt versuchte er, das Versteck der Fracht von Sicharbas zu erfahren. Doch Sicharbas schwieg und wurde von Pygmalion erschlagen.

Als Elissa von der grausamen Tat erfuhr, rüstete sie in aller Eile ein Schiff und segelte zu dem Versteck, das die Schätze barg. Sie fand das Gold und die erlesenen Steine und nahm alles mit an Bord. Danach machte sie Jagd auf die Schiffe ihres Bruders. Sie raubte alles, was sie finden konnte, und füllte ihre Schiffe mit Gold aus Pygmalions Schätzen.

Damit nahm Elissa das Sylerecht für sich in Anspruch. Das Sylerecht war ein Recht, das griechische Behörden zugestanden, wenn ein Familienmitglied Opfer eines Verbrechens wurde. Nach diesem Fehderecht durften die Betroffenen ihre Landsleute verfolgen, berauben oder sogar töten.

Nach ihren Raubzügen ergriff Elissa gemeinsam mit zahlreichen Gefährten die Flucht. Zunächst nahm sie Kurs auf Zypern und ging dort an Land, um fünfzig Mädchen zu entführen. Warum sie dies tat, ist nicht überliefert. Es könnte sein, daß sie als alleinige Befehlshaberin und dazu noch als Frau Unterstützung gegen die Besatzung suchte. Einige (männliche) Autoren äußern die Vermutung, daß Elissa ihre Mannschaft mit den Mädchen beruhigen und damit von sich ablenken wollte.

Elissa ließ die Buge gen Westen richten. Den Phöniziern war der Atlantik zwar vertraut, doch standen die Winde nicht günstig. Nach langem Umherirren, als das Trinkwasser faul, die Kost mager und der Wein ausgetrunken war, ließ Elissa beidrehen und landete mit ihrem Schiff an der libyschen Küste.

Hiarbas, der libysche König, wollte die Phönizierin unbedingt zu seiner Frau machen. Aber sie wehrte sich vehement gegen diese Heirat. Am liebsten wäre sie wieder zurück auf See gegangen. Ihre Mannschaft akzeptierte zwar die Absage ihrer Anführerin an Hiarbas, wollte aber lieber bleiben. Also versuchte Elissa, sich ein eigenes Stück Land zu sichern. Hiarbas stimmte dem Kauf zu, wollte ihr aber nur so viel Feld zugestehen, wie mit einem Stück Kalbsfell zu umspannen sei.

Elissa nahm an, und man brachte ihr das Fell. Sie schnitt es jedoch in so dünne Streifen, daß sie damit ein Gebiet umspannen konnte, das genug Platz für die Errichtung der Burg Karthago bot. Von dieser Burg aus gelang es ihr, mit ihren Schätzen immer mehr Land zu erwerben und ein mächtiges Reich zu gründen.

König Hiarbas sah diese Entwicklung nicht gern. Wieder bedrängte er Elissa mit seiner Werbung um ihre Hand. Doch nun drohte er im Falle einer Weigerung damit, Karthago zu überfallen. Die Phönizierin wollte sofort fliehen, aber ihre Mannschaft weigerte sich, die neue Heimat zu verlassen, und drängte Elissa, den König zu heiraten.

Als Elissa bei ihrem Nein blieb, zündete die Mannschaft das Schiff an, um eine Flucht zu verhindern. Elissa jedoch zögerte nicht und sprang in die Flammen.

Von da an wurde sie auch Dido, »die Unbezwingbare«, genannt.

Selbstbewußte Wogengöttinnen
Die Wikingerinnen

Mit ihren brutalen Überraschungsangriffen versetzten die Wikinger im 7. bis 10. Jahrhundert die Bewohner an den Küsten und Flüssen Westeuropas in Angst und Schrecken. Man nimmt an, daß ein bis heute ungeklärter plötzlicher Bevölkerungszuwachs die Ursache dafür war, daß die Normannen zu fremden Ufern aufbrachen.

Vielleicht wurden die Wikinger aber auch durch verlockende Kunde vom großen Reichtum der Kirchen und Klöster jenseits des Meeres zu ihren Raubfahrten veranlaßt. Denn genau diese Stätten waren die ersten Ziele ihrer Überfälle. Ritterburgen galten als nicht leicht einzunehmen, und alle anderen Bevölkerungsgruppen waren arm.

Bald kamen die Normannen in ganzen Flotten über das Meer, angeführt von gewählten Seekönigen. Jetzt traf es auch die einfachen Menschen, wenn die Wikinger bei ihren Überraschungsangriffen an Land stürzten, die Männer erschlugen, Frauen und Mädchen vergewaltigten, anschließend die Häuser plünderten, die Stätten der Verwüstung anzündeten, um dann in Windeseile mit ihrer Beute zu verschwinden, bevor überhaupt Hilfe kommen konnte.

Die See war dabei nicht Schauplatz der Piraterie, sondern stellte lediglich den Anreise- und Fluchtweg dar. Mit ihrem »normannischen Seedrachen« glitten die Wikinger selbst bei schwerem Seegang »leicht wie eine Möwe und mit graziösen Bewegungen« über die Wellenkämme dahin. Bei gutem Segelwetter – sonst wurden die Schiffe von sechzehn Paar Rudern vorwärtsbewegt – trieb der Wind sie eineinhalb mal so schnell über das Wasser wie die Karavelle, mit der später Kolumbus Amerika entdeckte. Ein ideales Piratenschiff, wie es die Welt zu der Zeit noch nicht gesehen hatte.

Das Prinzip der Überraschungsangriffe funktionierte jedoch mit den Jahren immer weniger, da die Warnsysteme und die Verteidigungsmaßnahmen der betroffenen Länder immer besser ausgebaut wurden. Hinzu kam, daß viele Städte, Könige und auch Einzelpersonen versuchten, die Wikinger durch Bestechung fernzuhalten.

Im 10. Jahrhundert schließlich legte sich der Normannensturm. Viele der einstigen Piraten ließen sich nun als friedliche Siedler vor allem in Mittelengland und an der Nordwestküste Frankreichs in der Normandie (»Land der Normannen«) nieder.

Doch nicht nur die Wikinger-Männer machten als unerschrockene Kämpfer von sich reden. Auch ihre Frauen galten als starke, selbständige Wesen, von denen bekannt ist, daß einige genauso auf Raubfahrt gingen wie ihre Gefährten.

Normalerweise hatten die Frauen jedoch zu Hause zu bleiben, wenn die Männer den ganzen Sommer über unterwegs waren. Ihre Aufgabe war es dann, die Felder zu beackern und die Höfe zu bewirtschaften.

Aber die Wikingerinnen ließen sich anscheinend nicht sehr von den Ansichten ihrer Gefährten beeindrucken und zogen trotzdem hinaus aufs Meer. Offensichtlich mit Erfolg, denn die Taten der »weißmähnigen Wogengöttinnen« sind sogar in die Sage eingegangen. Über die Motive, die zur Seefahrt und Piraterie bewogen haben mögen, ist in den Chroniken der Kirchen zu lesen, daß viele dieser Seefahrerinnen Jungfrauen waren und mit aller Macht unberührt bleiben wollten.

Eine andere Vermutung geht eher dahin, daß die Frauen aus Trotz hinaus aufs Meer gefahren seien. Verärgert darüber, daß ihre Männer an den fremden Küsten nicht nur

Schlachten schlugen, sondern auch der Liebe frönten, seien die selbstbewußten Wikingerinnen einfach auf eigene Faust losgezogen.

Selbstbewußtsein bewies auch die gotische Prinzessin Altilda, als sie beschloß, Piratin zu werden, weil ihre Eltern sich gegen eine Vermählung mit dem Dänenprinzen Alf stellten. Altilda war unsterblich in den jungen Mann verliebt und verließ voller Empörung gemeinsam mit zahlreichen Gefährtinnen ihr Zuhause und ging zur See.

Als Piratin war sie bald sehr erfolgreich. Prinz Alf erfuhr davon, und es dauerte nicht lange, da wurde auch er zum Seeräuber. Er folgte Altilda überall hin und kaperte stets dort, wo auch sie unterwegs war, aber gab sich ihr dabei nicht zu erkennen.

Altilda ärgerte sich über den dreisten Nebenbuhler und forderte ihn zum Kampf heraus. Die beiden Steven der Schiffe rauschten unter vollen Segeln aufeinander zu. Die weibliche Besatzung an den Riemen des einen und die männliche an denen des anderen Schiffes ruderten, was ihre Kräfte hergaben.

Altilda stand währenddessen mit dem gezückten Schwert am Bug. Ihre blonde Mähne flatterte im Wind. Sie war bereit zum Sprung und wartete nur darauf, sich in das blutige Getümmel zu stürzen. Bald krachte Bootsflanke an Bootsflanke.

Da sprang auch schon Alf in den Bug hinüber. Als Altilda ihn erkannte, stürzten sie sich in die Arme. Ihrer Heirat stand nichts mehr im Wege. Altilda wurde in späteren Chroniken auch Alfhilde genannt.

Seeräuberei und dazu noch ihre Fähigkeiten auf dem Gebiet der Kriegsführung machten auch die norwegische Prinzessin Sela berühmt. Sie war die unverheiratete Schwester von König Kolle, der von dem jütischen Herzog Horwendill ermordet wurde. Ohne zu zögern, brach die Prinzessin auf, um den Tod ihres Bruders zu rächen. Aber im Zweikampf wurde auch sie umgebracht.

In einer Quelle heißt es über Sela: »Sie tobte wie eine Wilde auf den Wogen und stieß einer Seeschwalbe gleich auf ihre Beute nieder.«[3] Diese Beschreibung trifft genauso auf eine weitere erbitterte Kriegerin aus Norwegen zu: Prinzessin Rusla.

Als nach dem Tode ihres Vaters, König Ried, die Krone nicht an ihren Bruder Tesondus fiel, sondern an den Dänen Omund, machte sich Prinzessin Rusla zur Führerin einer ganzen Flotte von Schiffen. Auf See zerstörte sie sämtliche Boote des Dänen, die ihr in die Quere kamen.

Ihr Bruder Tesondus versuchte vergeblich, sie aufzuhalten. Rusla war darüber dermaßen erbost und beschädigte sein Schiff bei ihrem Aufeinandertreffen so sehr, daß es auf Grund lief und Tesondus sich nur mit knapper Not retten konnte.

Nachdem Omunds Kapitäne nichts gegen die wütende Prinzessin hatten ausrichten können, zog der Däne selbst mit einem großen Aufgebot hinter ihr her. Es kam zu einem langen, heftigen Kampf, an dessen Ende Rusla nichts anderes übrigblieb, als zu fliehen. Als ihr Schiff zerbarst, war sie die letzte, die über Bord sprang.

Schwimmend versuchte sie sich zu retten. Doch dabei geriet sie ihrem Bruder vor den Bug seines Schiffes. Tesondus sah die Stunde der Rache gekommen. Brutal faßte er Rusla bei den Haaren und ließ seine Schwester so lange mit den Riemenblättern schlagen, bis sie in den Fluten des Meeres versank.

Einen gewaltsamen Tod fanden auch zwei andere norwegische Freibeuterinnen. Aus nicht überlieferten Gründen hatten die Schwestern Russila und Stikla es vor allem auf den holländischen Herzog Hirwitto abgesehen. Durch ihre

Überfälle machten sie ihm so sehr zu schaffen, daß er sich schwor, das Drachenschiff der Piratinnen zu vernichten.

Aber nur unter größten Anstrengungen gelang es dem Holländer, Russila und Stikla zu überwältigen. Als die beiden Schwestern seine Gnade annehmen wollten, tötete er sie schließlich mit seinem Schwert.

Unbequeme Unruhestifterinnen
Seefrauen im Mittelalter

Während die Antike der Frau relativ große Freiheiten einräumte, bedeutete das Mittelalter einen enormen Rückschritt. Die Frauen besaßen keine eigenen Rechte, wurden in den Bereichen Bildung und Politik ausgegrenzt. Die Hexenverfolgung bildete schließlich den Höhepunkt der Unterdrückung.

Die mittelalterliche Gesellschaft war streng hierarchisch gegliedert. Durch die Standesunterschiede ergaben sich erhebliche Diskrepanzen bei der rechtlichen Stellung, den wirtschaftlichen Verhältnissen und dem Lebensalltag. Besonders betroffen war die Frau. Sie hatte laut Gesetz keinerlei Macht in Staat und Gesellschaft. Sie konnte weder öffentliche Ämter bekleiden noch einer staatlichen Körperschaft angehören. Ihre gesellschaftliche Position hing vor allem von ihrem Familienstand ab.

Die Kirchen begründeten diese Ausgrenzung mit der zweitrangigen Stellung der Frau innerhalb der Schöpfung und ihrem Anteil an der Erbsünde. Der Staat erklärte, daß Frauen zu unwissend, zu leichtsinnig, zu hinterlistig und zu habsüchtig seien, um eine bedeutende Rolle in der politischen Öffentlichkeit zu spielen. Zwar konnten Frauen gelegentlich über ein Landgebiet herrschen, wenn sie Lehnsherrinnen waren. Doch die damit verknüpften Ämter gingen in der Regel nicht mit dem ererbten Lehen auf sie über. Allgemein galt für die Frauen, daß nur ein Ehemann und Besitz äußerliche Garanten für materielle Sicherheit darstellten.

Hatte eine Frau das Glück, bereits reich geboren zu werden, so bedeutete das noch lange keine Unabhängigkeit für sie. Töchter aus wohlhabendem Hause wurden nämlich lediglich als Verfügungsmasse betrachtet, um durch eine passende Heirat politische, aber auch geschäftliche Bündnisse zu schließen.

Lediglich der religiöse Bereich bot Frauen eine gewisse Möglichkeit, eigene Geltung zu erlangen. Das betraf aber vornehmlich Angehörige des Adels, die dann als Äbtissinnen den Klöstern vorstanden. Ansonsten hatten Frauen an diesen christlichen Orten die Chance, zumindest Frieden und Bildung zu erfahren, während außerhalb der Mauern Kriege geführt wurden, Hungersnöte und Epidemien wüteten.

Die Klöster waren aber auch die einzige Möglichkeit für Frauen, wissenschaftlich zu arbeiten. Denn als die ersten Universitäten gegründet wurden, wurde den Frauen der Zugang verwehrt. Das bedeutete, daß sie eine ganze Reihe von Berufen nicht ergreifen konnten, da sie nicht zu der entsprechenden Ausbildung zugelassen wurden. So mußten zum Beispiel die traditionell hoch geachteten heilkundigen Frauen den an Universitäten ausgebildeten Ärzten Platz machen. Bald darauf verschloß sich den Frauen auch der Bereich des Handwerks, da die Zünfte begannen, den Zugang für das weibliche Geschlecht einzuschränken.

Während des 15. und 16. Jahrhunderts verschlechterte sich die Situation der Frauen immer mehr. Ihre ohnehin schon geringe Beteiligung am öffentlichen politischen Leben reduzierte sich weiter, bis sie schließlich ganz zum Verschwinden gebracht war.

Nun war alle Macht in der Gesellschaft und auch in der Familie auf den Mann übergegangen. Wirtschaftlich gesehen gab es die Frau überhaupt nicht, denn über ihr Vermögen verfügte der Ehemann.

In dieser Periode blühte der Aberglaube. Es gab eine wahre Welle von Frauenhaß, der sich besonders auf zwei angebliche Eigenschaften des weiblichen Geschlechts gründete: »Lüsternheit« und »Ungehorsam«. Es war die Zeit der Hexenverfolgungen. Auf den Marktplätzen brannten die Scheiterhaufen zu Hunderttausenden.

Mehr als achtzig Prozent der Hingerichteten waren als Hexen verurteilte Frauen. Fast die Hälfte von ihnen waren Witwen, die zu sehr von dem damaligen Idealbild einer Frau abwichen. Das genügte, um sie der Hexerei zu verdächtigen.

Piratinnen, die auch deutlich aus der damaligen Frauenrolle herausfielen, wurde erstaunlicherweise kein Bündnis mit dem Teufel unterstellt. Vielleicht hatten die Gerichte jener Zeit zu viel Respekt vor diesen unerschrockenen Frauen.

Seeräuberei war im Mittelalter im allgemeinen durchaus gesellschaftlich akzeptiert. Angefangen hatte es im Bereich der Nord- und Ostsee und vor allem des Ärmelkanals zunächst recht harmlos, mit dem Strandrecht, das besagte, daß alle Gegenstände behalten werden durften, die an den Strand gespült wurden. Die geographische Beschaffenheit der kleinen Inseln im Ärmelkanal, die sich nur wenige Meter über die Fluten erhoben, verführte gerade dazu, eine Fahrwassertonne oder ein Leuchtfeuer zu versetzen, um ein Schiff auf ein Riff oder in eine Untiefe zu manövrieren und sich ein willkommenes Zubrot zu verdienen.

Jedoch gehörte die Fracht den »Findern« nur dann, wenn niemand von der Besatzung überlebte. So kam es, daß viele Schiffbrüchige einfach liegengelassen oder erschlagen wurden. Aus den ehemaligen Strandsuchern waren Strandräuber geworden. Die jeweiligen Landesherren bemerkten das zwar, da aber stets ein Teil der Beute an sie abgeführt wurde, drückten sie trotz der Proteste der großen Handels- und Hafenstädte beide Augen zu.

Zur eigentlichen Piraterie fehlte dann nur noch ein kleiner Schritt. Die ersten Seeräuber an der Kanalküste waren die Bewohner der »Cinque Ports«. Fünf Küstenstädtchen hatten sich hier zusammengeschlossen, um offene Piraterie zu betreiben, und zwar Hastings, Romney, Hythe, Sandwich und Dover. Später kamen noch andere Städte hinzu. Als ein wahres Piratenfürstentum galt auch Wales, wo die Vorfahren der großen Korsaren des 17. und 18. Jahrhunderts lebten.

Der Ärmelkanal in seiner heutigen Breite existiert erst seit einigen schweren Sturmfluten des Mittelalters. Mit dem wirtschaftlichen Erstarken Hollands wurde er zu einer wichtigen Hauptschiffahrtsstraße zwischen den Niederlanden und ihren Handelspartnern in Dänemark, den Ostseeländern, Spanien und Portugal. So waren es die an der Atlantikküste ansässigen Europäer, die Franzosen, Holländer und Engländer, die die Piraterie zu höchster Vollendung brachten.

Dame de Clisson – die unerbittliche Rächerin

In der Geschichte der französischen Seeräuberei gilt die »Dame de Clisson« nicht nur als hervorstechendste Piratin des 14. Jahrhunderts, sondern auch als eigentliche Begründerin. Zweihundert Jahre später brachte Frankreich eine ganze Reihe von berüchtigten Seeräubern hervor, die alle die Bretonin zu ihrem Vorbild hatten.

Jeanne de Belville, so lautete ihr Mädchenname, machte mit ihren dreisten Überfällen auf Handelsschiffe und Fischerboote zwischen 1343 und 1360 den Kanal unsicher.

Sie war mit dem Fürsten Olivier de Clisson verheiratet, einem der politisch bedeutendsten Ritter von Nantes. Am 2. August 1343 jedoch wurde ihr Gatte wegen angeblicher Machenschaften mit den Engländern auf Befehl des Königs von Frankreich zum Tode verurteilt.

Die Enthauptung fand in Paris statt. Aber sein Kopf wurde, wie es damals üblich war, nach Nantes zurückgeschickt und zur Warnung über dem Stadttor aufgehängt.

Die Witwe de Clisson, die für ihre Schönheit im ganzen Königreich berühmt war, schwor Rache. Sie verkaufte alles, was sie besaß – Juwelen, Möbel, Ländereien und auch ihr Schloß –, und erwarb dafür drei Schiffe.

Unbehelligt segelte sie mit ihrer Flottille über die Loire. Einige Seebären schmunzelten mitleidig über die Dame de Clisson, während die Behörden aufatmeten. Hatten die Beamten sich doch schon auf Schadenersatzklagen gefaßt gemacht. Diese sollten auch nicht ausbleiben. Nur kamen sie nicht von der Dame de Clisson.

Mit ihren Schiffen machte die Witwe zunächst Jagd auf die Einheiten des französischen Königs, die im Ärmelkanal auftauchten. Bald jedoch weitete sie ihre Überfälle auf sämtliche Schiffe aus, die ihr in die Quere kamen. Aus sämtlichen französischen Häfen erschollen die Klagen der geschädigten Reeder und Seehandelsfirmen.

Alle Operationen leitete die Dame de Clisson höchstpersönlich. Jedesmal stand sie mit ihren beiden kleinen Söhnen am Bug und erteilte die Kommandos. Zusammen mit ihren Kindern war sie auch die erste, die über die Reling sprang, wild ihr Schwert schwang und schrie: »Rache für Baron de Clisson!«

Einzelne Schiffbrüchige, die den Überfällen entkommen konnten, sprachen immer wieder von der Brutalität der inzwischen gefürchteten Piratin. So ließ die Dame de Clisson angeblich nach jedem Angriff alle ihre Gegner sofort an Bord enthaupten und danach das Schiff verbrennen.

Später folgten Nachrichten, daß die rachsüchtige Piratin ganze Fischerdörfer an der französischen Küste längs des Ärmelkanals in Schutt und Asche gelegt habe. Die Bewohner, die ihr in die Hände fielen, seien allesamt erschlagen worden.

Die Dame de Clisson lähmte so für einige Jahre die gesamte Schiffahrt zwischen Loire und Seine. Der französische König war nicht in der Lage, etwas gegen sie zu unternehmen. Immer wieder wurden Streitkräfte ausgesandt, um die Piratin zu jagen. Doch der Dame de Clisson gelang es stets, ihre Gegner zu überwältigen und zu entkommen. Danach war ihre Rache um so erbarmungsloser.

Wie das Leben der ruhmreichen Piratin weiter verlief, ist nicht bekannt. Auch über den Zeitpunkt ihres Todes gibt es keine Informationen.

Lady Killigrew – die mächtige Lady

In der englischen Piraterie des 16. Jahrhunderts spielte gleich ein ganzes Seeräuber-Syndikat eine bedeutende Rolle. Das einflußreiche Syndikat der Killigrews aus Arwenack in Cornwall wurde jahrzehntelang von einer Frau angeführt, deren eigentlicher Name nicht bekannt ist. Die Rede ist immer nur von Lady Killigrew.

Lady Killigrew unternahm im Namen ihrer Familie alles, was Geld einbrachte. Kleine Hehlereien, Unterschlagungen und Diebstähle leitete sie persönlich. Daneben gab sie Bestechungsgelder an königliche Beamte aus, verteilte die Prisen unter ihren Leuten und bot den Piraten in ihrem Haus einen sicheren Zufluchtsort. Sie empfing aber auch wichtige Persönlichkeiten aus Politik und Gesellschaft, gab elegante Diners und wickelte auf ganz legalem Wege lukrative Geschäfte ab.

Im Gegensatz zur Frau von Clisson unternahm sie nur selten eigenhändige Kaperfahrten. In erster Linie operierte sie von ihrem fürstlichen Domizil im Hafen von Falmouth aus. Mit viel Sorgfalt ging die Lady an die Planung, um möglichst keine Schwierigkeiten mit der Krone zu bekommen. Doch nicht immer ging diese Rechnung auf.

Im Jahr 1573 kaperte ein Mitglied der Killigrew-Familie das Schiff des Grafen von Worcester, das von Dover auf dem Weg nach Boulogne war. An Bord befand sich unter anderem eine prachtvolle Schale, die die englische Königin dem französischen Herrscher Karl IX. zur Geburt seiner Enkelin schenken wollte.

Bei dem Überfall erbeuteten die Piraten aber auch andere Waren im Werte von insgesamt 500 Sterling, eine für die damalige Zeit sehr beachtliche Summe. Zehn Mitglieder aus dem Gefolge des Grafen Worcester wurden während des Gefechts niedergemetzelt. Als das Schiff der Killigrews in den Hafen von Falmouth einlief, wurde die gesamte Mannschaft sofort verhaftet und nach London gebracht. Aber erstaunlicherweise wurden nur drei der achtundzwanzig Besatzungsmitglieder zum Tode durch den Strang verurteilt. Es ist zu vermuten, daß Lady Killigrew eine stattliche Bestechungssumme gezahlt hat.

Doch dann beging die Lady einen verhängnisvollen Fehler, der sie beinahe selbst das Leben gekostet hätte. Am 1. Januar 1582 lief ein imposanter Segler der deutschen Hanse in Falmouth ein. Eigentlich hatten Schiffseigner und Besatzung nichts zu befürchten, da Elisabeth I. mit der Hanse in Frieden lebte. Aber als Lady Killigrew das stattliche Schiff von ihrem Wohnsitz aus erblickte, konnte sie der Versuchung nicht widerstehen. Schnell hatte sie herausgefunden, welch kostbare Ladung an Bord war. Nachdem sie erfahren hatte, daß die beiden Eigner nach London gereist waren, um dort einige Geschäfte abzuwickeln, beschloß sie am 6. Januar 1582, den Segler zu überfallen.

In der folgenden Nacht steuerte die Lady trotz ihres hohen Alters höchstpersönlich ein kleines Schiff, das vollbesetzt war mit bis an die Zähne bewaffneten Piraten, lautlos zu dem Hanseboot. Die Mannschaft des Kauffahrers wurde niedergemetzelt, ihre Leichen über Bord geworfen. Lady Killigrew sicherte sich einige wertvolle Stoffballen sowie zwei Fässer mit Goldmünzen und ließ diese nach Arwenack bringen. Den hanseatischen Segler brachten die Piraten nach Nordirland, wo er und der Rest der Beute versetzt wurden.

Die beiden Schiffseigner waren empört über den dreisten Überfall der Lady. Gleich nach der Rückkehr aus London erhoben sie Beschwerde bei der zuständigen Kommission von Cornwall. Nur war der Präsident dieses Gremiums niemand anders als Sir John Killigrew, Sohn der räuberischen Lady, denn die Killigrews brachten nicht nur berüchtigte Piraten, sondern auch Minister und Diplomaten hervor. Sir John Killigrew erklärte lediglich, daß aufgrund fehlender Zeugen keine Anklage erhoben werden könne. Die Jury fällte folgendes Urteil: »Wohl war das Schiff überfallen und nach einem unbekannten Ort entführt worden. Durch wen, wann und wie, war nicht festzustellen.«[4]

Doch die Eigner gaben sich mit diesem Urteil nicht zufrieden und gingen wieder nach London zurück, um ihren Fall nun dem Präsidenten des privaten Rates der Königin zu übergeben. Mit Erfolg, denn dieser ordnete eine zweite Untersuchung an.

Als die Beamten daraufhin in dem Domizil der Killigrews die Stoffballen von dem Überfall fanden, wurden die Lady und ihre beiden engsten Mitarbeiter verhaftet und nach London gebracht. Dort verurteilte sie das Gericht zum Tode durch Erhängen.

Aber noch in letzter Minute entging die achtundsiebzigjährige Lady der Vollstreckung. Sie wurde wegen ihres hohen Alters begnadigt.

Schon als Kind wußte Grace O'Malley ganz genau, was sie einmal werden wollte: Kapitänin. Für ein Mädchen, das 1530 auf Clare Island an der stürmischen Westküste Irlands geboren wurde, war das ein mehr als ungewöhnlicher Wunsch.

Doch die Liebe zum Meer lag ihr im Blut, auch wenn das ihre überängstliche Mutter Margaret und ihr gestrenger Vater Owen ›Dubhdarra‹, der von allen »Black Oak« genannte Führer und Fürst des O'Malley-Clans, gar nicht gern sahen. Ein Mädchen, noch dazu die einzige Tochter eines Fürsten, hatte andere Aufgaben zu erfüllen.

Aber Grace, die von ihren gälischen Landsleuten Granuaile genannt wurde, lehnte diese Rolle rundweg ab. Schließlich zeigte ihr das Beispiel ihrer Mutter nur zu genau, wie eintönig das Leben einer Fürstenfrau verlief: Spinnerinnen und Weberinnen beaufsichtigen, Mahlzeiten vorbereiten, Gäste verwöhnen und für Geselligkeit sorgen.

Da war Black Oaks Alltag doch viel aufregender. Als Eigner und Kapitän von Handelsschiffen war er ständig auf See unterwegs und lernte ferne Länder kennen. Jedesmal, wenn der Vater auf große Fahrt ging, schaute sie seinem Segler voller Sehnsucht und Neid hinterher, während ihre Mutter stets in Tränen aufgelöst zur Kapelle lief, um dort inbrünstig für die gute Heimkehr ihres Mannes zu beten.

Mit neun Jahren beschloß Grace, daß es endlich an der Zeit war zu handeln, falls sie ihrem Ziel, Kapitänin zu werden, näher kommen wollte. Heimlich schnitt sie sich die langen Locken ab und besorgte sich Jungenkleidung. Dann schlich sie sich ungesehen an Bord eines der beiden Schiffe, die unter ihrem Vater nach Spanien segeln sollten. Doch schneller, als ihr lieb war, flog ihre Verkleidung als Decksjunge auf. Sogleich wurde sie zu Black Oak gebracht, der über die Eskapaden seiner Tochter außer sich vor Zorn geriet. Aber dann hatte er eine bessere Idee. Er wollte Grace so hart an Bord arbeiten lassen, daß ihr für immer die Lust verging, zur See zu fahren.

Die Rechnung ging nicht auf. Die Neunjährige machte sich mit so viel Begeisterung und Geschick ans Werk, daß es letztendlich der Fürst war, der kapitulierte. Seine Tochter hatte ihr Ziel erreicht. Sie durfte das Seehandwerk und sogar das Navigieren lernen.

Zurück in Clare Island, gab es heftige Auseinandersetzungen zwischen ihren Eltern. Black Oak hatte nämlich beschlossen, wenn er Grace schon wie einen Jungen mitsegeln ließ, müßte sie auch die entsprechende Schulausbildung erhalten. So wurde sie gegen Margarets erbitterten Widerstand zu den Augustinischen Mönchen von Murrisk geschickt, um dort Lesen, Schreiben und Latein zu lernen.

So sehr Grace auch ihre Schulausbildung genoß, ihre eigentliche Liebe galt nach wie vor der Seefahrt. Sie nutzte jede sich bietende Gelegenheit, um ihren Vater auf seinen Reisen zu begleiten. Als sie sechzehn Jahre alt war, geschah etwas, was ihrem Leben eine bedeutende Wende geben sollte.

Während einer Fahrt brach an Bord des Schiffes ein Feuer aus. Unerklärlicherweise reagierte der erfahrene Seemann Black Oak vollkommen panisch. Doch Grace behielt einen kühlen Kopf. Sie riß das Kommando an sich. Die Seeleute reagierten erst mit Murren auf die Tatsache, daß ihnen nun eine Frau Befehle erteilte. Aber als sie sahen, daß Grace genau wußte, wovon sie sprach, und daß die von ihr angeordneten Maßnahmen Erfolg hatten, wurde Black Oaks Tochter sehr rasch von ihnen als Kapitänin akzeptiert. Auch der Fürst zeigte sich von Graces Geistesgegenwart beeindruckt. Es war deutlich sichtbar, daß er außerordentlich stolz auf sie war. Die Mannschaft konnte das nur zu gut verstehen, wußten sie doch alle, daß Black Oak sich immer sehnlichst einen Sohn gewünscht hatte, der in seine Fußstapfen trat.

Um so größer war der Schock für Grace, als ihr Vater ihr nach der Rückkehr in Clare Island eröffnete, daß es für sie nun endlich an der Zeit sei zu heiraten. Ohnmächtig vor Wut beugte sie sich seinem Willen. Denn als Oberhaupt des Clans war Black Oaks Wort Gesetz. Und das lautete in diesem Fall: »Frauen haben zu gehorchen.«

Ihr Vater hatte für sie Donal O'Flaherty ausgewählt, ein berühmter Krieger, der den Beinamen »der Schlachtenreiche« trug. Wie von ihr gefordert, fügte sich Grace zunächst in die Rolle einer gälischen Fürstenfrau. Sie bekam im Laufe ihrer Ehe drei Kinder: die Tochter Margaret sowie die Söhne Owen und Murrough. Doch mit den Jahren wuchs ihre Unzufriedenheit. Zu öde empfand sie den Alltag, zu sklavisch ihre katholische Ehe. Sie war nicht mehr länger bereit, die Unterwürfige zu spielen.

Sicher sind Donal die Freiheitsbestrebungen seiner Frau nicht entgangen, aber er hatte offensichtlich zu der Zeit viel zuviel mit sich selbst zu tun, um sich noch mit Ehestreitigkeiten aufzureiben. Denn einige Schlachten, in die er sich gestürzt hatte, waren nicht eben ruhmreich für ihn ausgegangen.

Bald wurde Grace in der Führung von Handels-, Piraten- und Kriegszügen aktenkundig. Bekannt wurde sie dabei für ihre Marotte, bei den Überfällen stets einen Teil der Beute für die Mannschaft des gegnerischen Schiffes zurückzulassen. »Seeleute müssen ihre Heuer kriegen. Die fetten Kaufleute jedoch nicht«, lautete ihre Devise.[5]

Mit den Beutezügen zur See füllte Grace die Truhen des O'Flaherty-Clans, während Donal, »der Schlachtenreiche«, nur unerheblich zur Vermehrung des Vermögens beitrug. Die Tatsache, daß Grace auch noch einen einträglichen

Handel mit Portugal, Spanien und Frankreich betrieb, sorgte schließlich dafür, daß der größte Teil des O'Flaherty-Clans nun hinter ihr statt hinter Donal stand. Mehr und mehr übernahm Grace die traditionell ihrem Mann zugeordneten Führer-Funktionen.

Donal wurde in den 60er Jahren ermordet, als er die Festung des Joyce-Clans besetzt hielt. Als Grace von dem Tod ihres Mannes erfuhr, zog sie sofort zu der Festung, um weiter die Stellung zu halten. Als die Belagerung zu drükkend wurde, kam Grace auf die Idee, das bleierne Dach der Festung einzuschmelzen und auf die Krieger des feindlichen Joyce-Clans hinabzugießen. Die Belagerer verließen daraufhin fluchtartig die Insel. Nach diesem Ereignis erhielt die Festung den Namen »Hen's Castle«, das »Schloß der Henne«.

Grace war bei ihrer Heirat nur widerwillig ihrem Ehemann in das Land der O'Flahertys gefolgt, das sie stets als karg und unwirtlich empfunden hatte. Im Alter von sechsunddreißig Jahren beschloß sie nach Donals Tod, wieder nach Clare Island zurückzukehren. An strategisch günstiger Stelle richtete sie sich auf der Insel ein. Von dort aus startete sie ihre Handels- und Söldneraktionen sowie ihre Überfälle zu Wasser und zu Land.

Im Sommer 1566 ließ sie sich von ihrem Clan zur Führerin vorschlagen. Ein Gegenkandidat fand sich nicht. Es passierte das für jene Zeit Ungeheuerliche: Erstmals wurde eine Frau zum Sept gewählt.

Unter ihrer Führung ging es dem O'Malley-Clan so gut wie nie zuvor. Von ihrer Festung aus beherrschte Grace die gesamte Bucht und war auch an den bedeutenden politischen Entscheidungen ihrer Zeit erfolgreich beteiligt. Einzig das Gebiet der Familie Burke, ein attraktives Stück Land mit der Turmfestung Rockfleet Castle, war ihr ein Dorn im Auge. Grace wollte beides unbedingt besitzen.

Der Weg dorthin führte über die Heirat mit Richard Burke, die schnell eine ausgemachte Sache war. Ihren gewohnten Lebensstil behielt Grace allerdings bei. Richard Burke schien damit einverstanden zu sein, auch wenn die vorliegenden Quellen keinen genauen Aufschluß darüber geben.

Nach damaligem irischem Recht hatte Grace »auf ein Jahr« geheiratet. Das bedeutete, daß nach Ablauf eines Jahres beide Ehepartner die Ehe ohne große Formalitäten wieder auflösen konnten. Als diese Zeit um war, fand Richard eines Tages bei der Heimkehr von einem Kriegszug die Tore von Rockfleet Castle verschlossen. Von den Burgzinnen flatterte das Banner der O'Malleys, und Grace lehnte sich weit über den Turmwall hinaus und rief die für die gälische Scheidung notwendigen Worte hinunter: »Das Jahr ist um. Ich entlasse dich aus unserer Verbindung.«[6]

Außerdem teilte sie Richard mit, daß sie sowohl das Land als auch Rockfleet Castle von nun an als ihr Eigentum betrachte. Da nicht registriert ist, daß Richard Widerstand leistete, kann man wohl davon ausgehen, daß er diese Entwicklung so akzeptierte. Unterstützt wird diese These durch Berichte, daß Richard und Grace nach ihrer Scheidung einander freundschaftlich verbunden blieben.

Grace liebte Rockfleet Castle, denn es war für eine Seeräuberin strategisch gesehen die ideale Burg. »Lady Chieftain of the O'Malley«, Kapitänin und Piratin, hatte das Kommando über 200 der gesetzlosesten Männer der britischen Inseln. Als Schrecken aller Handelsschiffe beherrschte sie mit ihren Leuten jahrelang den Atlantik.

In dieser Zeit versuchte England immer wieder, seinen Anspruch auf Irland geltend zu machen. Grace machte vor allem der neue englische Statthalter Richard Bingham in Galway an der Westküste Irlands das Leben schwer.

Bingham seinerseits schien geradezu eine abgrundtiefe

Abneigung gegen die Kapitänin gefaßt zu haben, deren männliche Lebensweise er zutiefst mißbilligte. Er fühlte sich von ihr abgestoßen und sah sie als Frau, »die dreist die Grenze der Weiblichkeit überschritt und zu einer großen Verderberin wurde, zu einer Befehligerin und Lenkerin von Dieben und Mördern«.[7]

Grace, mittlerweile über sechzig Jahre alt, war davon nicht sonderlich beeindruckt. Aber Bingham gab sich so schnell nicht geschlagen. Als ihr Vater starb, wurde sie auf dem Weg zur Beisetzung von Binghams Leuten überfallen. Der Statthalter kerkerte sie ein mit den Worten: »Wenn ich mit dir fertig bin, wirst du mir die Füße küssen, um freizukommen.«[8]

Doch hatte er nicht mit der ungebrochenen Willenskraft der Sechzigjährigen gerechnet. Obwohl sie in ihrem finsteren Loch weder Wasser noch Brot bekam, schaffte sie es zu überleben. Den quälenden Hunger und ihren Durst stillte sie, indem sie die vorbeihuschenden Ratten tötete, ihr Fleisch aß und ihr Blut trank. Bewegte sich der Schieber an der Tür, sprang sie auf, um zu zeigen, wie kräftig sie noch immer war. Man beobachtete sie, aber niemand sprach zu ihr. Die Gefangenschaft begann, allmählich an ihrem Körper zu zehren. Doch nach einer Weile entdeckte Grace, daß sie einen unerwarteten Verbündeten hatte. Ihr unbekannter Wohltäter schob ihr hin und wieder ein Schälchen Wasser und Abfälle zu, so daß bald wieder ihre alten Kräfte zurückkehrten.

Über sechs Monate saß sie im Gefängnis von Galway, als ein getreuer Anhänger einen Befreiungsversuch startete. Er stellte eine Flotte von sechzehn Schiffen zusammen und ließ sie deutlich sichtbar vor dem Hafen von Galway kreuzen. Schon von weitem konnten die Bewohner der Stadt den gleichmäßigen Rhythmus hören, den die Soldaten mit ihren Füßen an Deck schlugen. Allein dieses Geräusch und der Anblick der Schiffe versetzte ganz Galway in Angst und Schrecken. Die Menschen flüchteten entsetzt in ihre Häuser und verbarrikadierten sich. Richard Bingham und seine Offiziere sahen keine andere Möglichkeit, als sich zu ergeben und ihre Gefangene auszuliefern.

Triumphierend ging Grace an Bord eines der Schiffe. Hatte Bingham es doch nicht geschafft, sie zu vernichten. Aber als sie die Mannschaft der Boote erblickte, glaubte sie ihren Augen nicht zu trauen: Die gefürchteten Krieger waren allesamt als Soldaten verkleidete Frauen. Alte, zahnlose Frauen standen mit Musketen und Pistolen bereit. Junge Frauen hatten bei den Kanonen Posten bezogen, und kleine Mädchen standen auf Fässern und Kisten, um größer zu erscheinen. Alle waren bis an die Zähne bewaffnet, doch mit den Waffen umgehen konnte keine von ihnen.

In den drei folgenden Jahren wurde der Druck der Engländer auf die irische Bevölkerung immer stärker. Englische Truppen zogen mordend und plündernd durch das Land. Sie verwüsteten die Felder, brannten Häuser nieder und vergewaltigten Frauen und Mädchen.

Auf See versuchte Richard Bingham, die Macht zu gewinnen. Doch Grace bot ihm nicht die Chance, eine entscheidende Schlacht zu schlagen. Da entschloß sich der englische Statthalter, es wieder einmal auf andere Weise zu versuchen. Es gelang ihm, Tibbot, Graces Sohn aus der Ehe mit Richard Burke, gefangenzunehmen. Tibbot wurde in das Gefängnis von Dublin gebracht. Ihn dort zu befreien schien aussichtslos.

Als Grace von dieser Tat erfuhr, war sie außer sich. Tibbot, ihr Jüngster, war ihr Liebling. Es wird überliefert, daß sie sich ihm vor allem deshalb besonders verbunden fühlte, weil sie ihn an Bord eines Schiffes zur Welt gebracht hatte. Sie schwor sich, alles zu tun, um ihren Sohn zu befreien. Am wirksamsten schien es ihr, einen Brief an

Elisabeth I. zu schreiben. Darin bot sie Englands Königin ihre Dienste an, wenn diese dafür sorgte, daß Tibbot freikam. Fünf Monate unerträglichen Wartens vergingen, und keine Antwort kam. Daraufhin beschloß Grace, persönlich nach London zu fahren.

Über das Zusammentreffen mit Elisabeth I. gibt es keine authentischen Berichte. In der Legende ist jedoch davon die Rede, daß Grace O'Malley der Königin nicht als Bittstellerin, sondern als Gleichgestellte entgegentrat.

Der Mut der Irin wurde offensichtlich belohnt. Sie verließ London mit einem Freibrief, der ihr offiziell erlaubte, ihre Aktivitäten »zu Wasser und zu Lande« weiterzuführen. Richard Bingham wurde es untersagt, Grace als Feindin Englands zu bezeichnen. Außerdem hatte er unverzüglich Tibbot freizulassen.

Zufrieden mit ihrem Erfolg, trat Grace die Heimfahrt an. Unterwegs beschloß sie, in der Bucht von Howth vor Anker zu gehen und sich einen kurzen Aufenthalt zu gönnen. Entsprechend der irischen Sitte bat sie auf Schloß Howth um Gastfreundschaft. Doch sie war empört, als man ihr melden ließ, daß Lord Howth nicht beim Essen gestört werden wolle. Das war eine offene Beleidigung. Dieser Mann wagte es, der Fürstin des O'Malley-Clans ein ehrwürdiges Recht zu verwehren. Grace sann auf Rache.

Der Zufall wollte es, daß es ihr gelang, den Sohn des Schloßherrn gefangenzunehmen und nach Rockfleet Castle zu entführen. Voller Furcht um das Leben seines Sohnes, bot Lord Howth Geld und Silber für die Freilassung.

Grace lehnte das Geld jedoch ab. Ihr ging es offensichtlich nicht um Silber, sondern allein darum, dem Lord einen Denkzettel zu verpassen. Sie verlangte, daß die Tore von Howth Castle zukünftig jedem Besucher offenstehen und daß bei jeder Mahlzeit ein zusätzliches Gedeck für sie, Grace O'Malley, aufgelegt werde.

Grace O'Malley und Königin Elisabeth I.
Frontispiz der Anthologia Hibernica, *Bd. II, 1793*

Lord Howth war froh, so glimpflich davongekommen zu sein. Erleichtert willigte er in die Forderung ein. Das Versprechen nahm er so ernst, daß es auch für seine Nachfahren Gültigkeit besaß. Noch heute halten sich die Besitzer von Howth Castle an diese alte Vereinbarung.

Grace O'Malley starb vermutlich um 1603 auf Rockfleet Castle. Genaueres ist nicht überliefert. Die Legende berichtet jedoch, daß die leidenschaftliche Kapitänin sogar im Tod mit ihrem Lieblingsschiff verbunden sein wollte. Man hatte das Schiffstau durch eine Maueröffnung in das Burginnere hineingeführt und dann um einen der Bettpfosten geschlungen.

Die gefürchtete Clan-Fürstin war tot. Aber kaum eine andere Frau der irischen Geschichte lebte in den Herzen der Bevölkerung so lange weiter wie Grace O'Malley.

Dona Catalina de Erauso – »der beste Fechter«

Das rauhe Nordspanien war die Heimat einer anderen großen Seefrau jener Zeit: Dona Catalina de Erauso. Sie machte aber nicht als Piratin, sondern eher als besonders mutige Seefahrerin und Abenteurerin von sich reden.

Einen Teil ihrer Kindheit verbrachte Catalina, die 1592 als sechstes oder siebentes Kind der Maria und des Captain Erauso im baskischen San Sebastian geboren wurde, im Kloster der Dominicas. Mit elf Jahren kam sie dorthin, um von ihrer Tante betreut zu werden. In einer Quelle wird darauf hingewiesen, daß ihre Eltern diesen Schritt wählten, nachdem sie erkannten, daß vermutlich kein Mann sie heiraten würde, da Catalina mit ihrem kräftigen Körperbau nicht dem damaligen Schönheitsideal entsprach.

Bis zu ihrem fünfzehnten Lebensjahr blieb das Mädchen im Kloster, wo es unter anderem in Krankenpflege unterrichtet wurde und viel über die Missionsarbeit in Amerika erfuhr. Alle nahmen an, daß Catalina später dem Orden auch beitreten werde. Aber zahlreiche Auseinandersetzungen mit den Nonnen und das beengende Dasein innerhalb der Klostermauern veranlaßten sie schließlich zu fliehen. Sie stahl von ihrer Tante die Schlüssel und flüchtete aufs Land.

Hier schnitt sich das Mädchen die Haare ab und nähte sich aus ihrem klösterlichen Gewand Männerkleidung. Als junger Mann ging sie dann auf Reisen, aber nicht ohne ihren Eltern folgende Nachricht zuzuschicken: »Wenn Ihr diesen Brief bekommt, bin ich entweder frei oder tot. Ich will nicht länger die ungerechte Gefangenschaft ertragen, zu der Ihr mich verdammt habt. Warum habt Ihr mich wie meine Brüder aufgezogen? Warum ließt Ihr mich an ihrem Spiel und ihrer Arbeit teilnehmen? Warum habt Ihr mich männlich und stark gemacht, nur um mich zu zwingen, jetzt wo ich fünfzehn bin, nichts anderes zu tun, als endlose Gebete zu murmeln? Lebt wohl, vergebt mir, wenn Ihr könnt. Eure Tochter Catalina.«[9]

Etwa ein Jahr lang zog sie verkleidet durch das Land. Danach segelte sie nach Südamerika, wie es damals viele junge Spanier taten, um dort ihr Glück zu versuchen.

Es war eine bewegte Zeit, die Catalina dort erlebte. In der Rolle des jungen Mannes durchreiste sie unter dem Namen Antonio den Kontinent, nahm jede sich bietende Arbeit an, diente unter anderem auch in der Armee. Straßenräuberei, Glücksspiel und auch Duelle waren ebenfalls an der Tagesordnung, so daß sie sich bald einen Ruf als »bester Fechter Amerikas« erwarb.

Catalina wurde zur Überlebenskünstlerin. Auf der einen Seite beraubte sie die Reichen, auf der anderen half sie Menschen, die in Not geraten waren. Deshalb wurde sie auch als Robin Hood Lateinamerikas bezeichnet. Viermal

Catalina de Erauso als spanischer Konquistador
Druck um 1600

wurde sie zum Tode verurteilt, aber jedesmal gelang ihr noch rechtzeitig die Flucht.

All diese Jahre bewegte sich Catalina auf einem Terrain, das eigentlich Männern vorbehalten war. So war sie auch sehr beliebt bei den Frauen, die sie als einen »schmucken Spanier« empfanden. Es gab sogar mehrere Verlobungen in ihrem Leben. Wie berichtet wird, jedoch nur aus Überlebensgründen, um auf diese Weise einer schwierigen Situation zu entkommen. Vor dem Hochzeitstag allerdings verschwand dann der »Bräutigam« stets.

Nachdem Catalina fünfzehn Jahre so gelebt hatte, wurde sie bei einem Duell sehr schwer verwundet. Sie lag im Sterben und hatte keine andere Möglichkeit, ihr Leben zu retten, als einer Operation zuzustimmen. Doch dadurch wäre ihr wahres Geschlecht mit Sicherheit entdeckt worden. Deshalb entschloß sie sich dazu, sich vorher einem Priester anzuvertrauen, um so möglichen Schwierigkeiten aus dem Weg zu gehen. Als Catalina wieder gesund war, verstand sie es jedoch, aus ihrer Enttarnung auch noch einen Nutzen zu ziehen und sich auf diese Weise aus einigen Verlegenheiten herauszulavieren.

Kurz danach trat Catalina sogar in ein Kloster ein. Sie blieb aber nicht lange bei diesem Orden, obwohl sie bei den Nonnen sehr beliebt gewesen sein soll. Sie zog es vor, wieder nach Spanien zurückzukehren.

In der Alten Welt hatten sich die Geschichten von ihren sagenhaften Abenteuern und ihrer notgedrungenen Demaskierung wie ein Lauffeuer verbreitet. Man begegnete ihr überall mit aufgeregter Bewunderung und Wertschätzung. Und das, obwohl sie sich auf dem südamerikanischen Kontinent weder wie eine richtige Dame noch wie ein richtiger Herr benommen hatte.

Die Ankunft der Spanierin in Europa wird wie folgt beschrieben: »Als sie an Land gehen sollte, warf Catalina ihre Frauenkleider in die Ecke und stellte sich wiederum im prachtvollen Staat des galanten Kavaliers zur Schau. So gekleidet, machte sie sich auf den Weg nach Sevilla, Madrid, Pamplona und erfüllte die Herzen der Mädchen mit Liebe und die ihrer Liebhaber mit Furcht.«[10]

Bald schon wurden Catalinas Abenteuer veröffentlicht. Berühmte Dichter schrieben über die ungewöhnliche Frau, und Maler porträtierten sie. König Philipp IV. empfing sie und gewährte ihr eine Pension für ihre Dienste als Konquistador in Südamerika.

Als Catalina Italien bereiste, wurde sie an jedem Ort begeistert empfangen. In Rom gewährte ihr Papst Urban VIII. eine Audienz. Er erteilte ihr die ungewöhnliche Erlaubnis, weiterhin Männerkleidung zu tragen.

Ein römischer Zeitgenosse schrieb über die Spanierin: »Sie war für eine Frau sehr groß und kräftig, künstlich flachbrüstig, ihre Züge nicht schön, aber auch nicht häßlich, eher von Mühsal denn von Alter gezeichnet; ihr schwarzes Haar, geschnitten wie das eines Mannes, trug sie in einer Mähne herabwallend, wie es zu der Zeit üblich war. Sie war gekleidet wie ein Mann nach spanischer Mode, mit eng gegürtetem Schwert; den Kopf trug sie etwas nach vorn geneigt, die Schultern leicht vornüberhängend, so daß sie eher einem wilden Soldaten als einem galanten Höfling gleichsah.«[11]

Bald jedoch ergriff Catalina wieder die Sehnsucht nach Südamerika. 1630 kehrte sie, »so gar nicht einsichtig« und immer noch »ungezähmt«, wie es hieß, nach Mexiko zurück.

Während der Überfahrt verliebte sie sich unsterblich in eine junge Dame, die Catalina auf der Reise zu ihrem zukünftigen Gatten begleiten sollte. Sie versuchte deshalb, die bevorstehende Heirat zu verhindern. Das führte zu heftigen Streitigkeiten mit dem zukünftigen Ehemann, der Dona Catalina beschuldigte, seine Verlobte belästigt zu haben. Er verbot der Spanierin das Haus, ja sogar die Straße, in der es stand.

Catalina schrieb ihm daraufhin einen Brief, in dem sie ihn zum Duell aufforderte: »Nun denn, ich bin zwar eine Frau; da dies aber meinem Mut unerträglich scheint und auf daß Ihr meine Tapferkeit erkennt und Eure Prahlerei unter Beweis stellen könnt, werde ich Euch von ein bis sechs Uhr hinter der St. James Church erwarten.«[12]

Der junge Mann entzog sich dem Duell, indem er sich auf seine Ehre als Gentleman berief, für den es sich nicht gehörte, seine Waffe gegen eine Frau zu richten. Vermutlich aber hatte er eher Angst vor Catalinas Duellerfahrungen.

Freunde überredeten Catalina nach diesem Zwischenfall, die Stadt zu verlassen. Doch das hinderte die ungewöhnliche Frau nicht daran, weiterhin bis zu ihrem Tode ein abenteuerliches Leben zu führen. Sie starb 1635 in Veracruz, Mexiko.

In Spanien und Amerika wurde viel über Catalina geschrieben. Sie ging als »La Monja Alferes« oder »Die Nonne zur See« in die Literatur ein. Aber in kaum einer der vielen Veröffentlichungen wurde erwähnt, daß sie Frauen liebte. Und das, obwohl sie alle ihre Romanzen und Affären mit Geschlechtsgenossinnen auch dann noch offen lebte, als ihre eigentliche Identität bekanntgeworden war.

Verzweifelte Kämpferinnen
Seefrauen in der Neuzeit

War das Mittelalter die Epoche der Dunkelheit, so kam mit der Neuzeit das Licht der Erkenntnis. Die Französische Revolution in der zweiten Hälfte des 18. Jahrhunderts brachte ungeahnte Veränderungen mit sich. Das neue Gedankengut, das wie eine Welle über den Kontinent rollte, sprach auf einmal von dem Recht des Einzelnen auf persönliches Glück, propagierte den demokratischen Staat und forderte Gleichberechtigung innerhalb der Gesellschaft.

Doch so schnell änderte sich die alte, starre Ordnung nicht. Das galt vor allem für die Frauen. Nach wie vor war ihr Betätigungsfeld auf Haus und Familie beschränkt. Da ihnen der Bildungsbereich verschlossen war, hatten sie keine Chance, Geltung im öffentlichen Bereich zu erlangen. Auch die neuentwickelte Beamtenschaft sowie die neugegründeten Banken verwehrten ihnen den Zutritt.

Die einzige Möglichkeit für Frauen, geistige Kultur zu erfahren, boten die Salons, die vor allem im aufgeklärten Bürgertum zu finden waren und auch von Frauen geleitet wurden. Dort konnte die Dame von Welt musizieren, Verse lesen und diskutieren. Doch damit stießen die Frauen auf heftigen Widerstand. Entweder beschimpfte man sie als unmoralisch und leichtsinnig oder verspottete sie als lächerliche Blaustrümpfe. Auch im Zeitalter der Aufklärung wurde von den Frauen noch immer erwartet, daß sie ihr höchstes Heil in der Familie fanden.

Eine Epoche des perfekten Selbstbetruges war dann das viktorianische Zeitalter im 19. Jahrhundert. Man idealisierte die Frau, betrachtete sie als Schutzengel des Hauses. Die Familie galt als ein Hort des Glücks, als Zufluchtsort vor den Schrecken der Welt, gegen welche die Sanftmut,

Frömmigkeit, Tugendhaftigkeit und Zuneigung der Ehefrau standen. Nach viktorianischer Vorstellung war in den Frauen ein Stückchen von der Unschuld des Paradieses erhalten geblieben. Ohne den Schutz des Mannes aber konnte eine Frau nicht tugendhaft bleiben. »Die Frau wurde auf den Sockel gehoben und dann unterdrückt, damit sie auf dem Sockel blieb.«[13]

Doch die Realität sah für viele Frauen anders aus: ein Ansteigen der Prostitution, Scharen von alleinstehenden, hungernden Frauen, aber auch der Beginn des Frauenprotests.

Mit der Industrialisierung nahm gleichzeitig die Berufstätigkeit der Frau zu. Da man ihre Arbeit aber nur als vorübergehende Maßnahme betrachtete, hielt man es für nutzlos, sie einen Ausbildungsberuf erlernen zu lassen. So verdienten Frauen sich ihren Lebensunterhalt zumeist als Dienstmädchen und Fabrikarbeiterinnen.

Besonders engagierte Frauen erwarben sich umfangreiche Bildung durch ein Selbststudium. Sie lasen alles, was sie in die Finger bekamen, oder scharten einen Kreis gleichgesinnter Freundinnen um sich. Da diese Frauen oft ledig waren, unterstellte man ihnen gern, daß sie nur deshalb studierten, weil sie keinen Mann gefunden hatten.

Am Ende des 19. Jahrhunderts öffneten die meisten Universitäten schließlich den Frauen die Pforten. Doch wurden sie oft nur mit einer Ausnahmegenehmigung zum Studium zugelassen. Bald formten sich auch die ersten Frauenverbände, die für das Wahlrecht der Frauen eintraten. Die europäische Bewegung entstand größtenteils aus einer unendlichen Frustration heraus. Unter den einzelnen Verbänden herrschte keine Einigkeit, aber zumindest eines war ihnen gemeinsam: Vor dem Gesetz standen Frauen auf der gleichen Stufe wie Kinder und Schwachsinnige.

Die Frauenbewegung war ständig im Umbruch, genauso

wie die Gesellschaft selbst. Sie war bürgerlich, sozialistisch oder anarchistisch. Der Bewußtwerdungsprozeß vollzog sich nur langsam, denn er traf auf vehementen Widerstand und wurde sogar von den Frauen selbst sehr zögernd angenommen. Das wohl gravierendste Resultat des Emanzipationskampfes aber war die Erkenntnis, daß die Frauen die Welt völlig anders erlebten als die Männer. Zehntausend Jahre wurde die Welt so dargestellt, wie die Männer sie haben wollten, und so regiert, wie Männer es für gut befanden.

Doch zurück zur Piraterie. Im Aufteilungskampf um die Neue Welt machten die Piraten die karibischen und pazifischen Küsten Spanisch-Amerikas unsicher. Durch die französischen Korsaren kam im 18. Jahrhundert eine neue Generation von Freibeutern hinzu. Sie unterschieden sich von den meist wilden und harten englischen Kaperfahrern durch Kühnheit, gute Ausbildung und eine tüchtige Portion chevaleresken Übermuts. Auch sie enterten und kaperten Handelsschiffe und standen im Dienst eines staatlichen Schirmherrn.

Sie arbeiteten auf Provisionsbasis, und ihre Kaperakte richteten sich ausschließlich gegen Schiffe von Nationen, die mit ihrem Heimatland im Streit lagen. Nur während des Krieges arbeiteten sie für ihre Auftraggeber. In Friedenszeiten fuhren sie als friedliche Kaufleute zur See und trieben teilweise weltweiten Handel.

Aber ihnen folgten die Piraten auf dem Fuße. Westindien wurde so zum Tummelplatz für Abenteurer aus aller Welt. Im Gegensatz jedoch zu den Freibeutern, die die Schiffe der eigenen und befreundeter Nationen verschonten, griffen Piraten wahllos alle Schiffe an.

Die Trennungslinie zwischen den beiden Gruppen war oft sehr dünn. Erschien den Kaperern eine Beute verlokkend, so griffen sie schon einmal bei einem befreundeten Schiff zu. Anschließend gaben sie an, von dem Freundschaftspakt nichts gewußt zu haben.

Staaten wie Spanien und Portugal verweigerten den Freibeutern jeglichen legalen Status und behandelten sie genauso wie Piraten. Grundlage dafür war der Vertrag von Tordesillas, mit dem die Aufteilung der Neuen Welt zugunsten der Spanier und Portugiesen besiegelt wurde. Danach wurde jeder schon dann als Pirat bezeichnet, wenn er es nur wagte, im Atlantik jenseits der Azoren und der Kanarischen Inseln Handel zu treiben. Eine gewaltige Flotte wurde eingesetzt, um diesem Vertrag Autorität zu verleihen.

Die Erfolge der Piraten in der Karibik ließen zu jener Zeit immer mehr Abenteurer aller Nationen zu den Westindischen Inseln segeln. Sie alle verband die Hoffnung auf raschen Reichtum, auf Abenteuer und erfolgreichen Kampf gegen den Erzfeind Spanien.

Die Seeräuber setzten sich aus vier großen Gruppen zusammen. Da gab es die reinen Abenteurer in Gestalt von Händlern und Angehörigen des Kleinadels, die etwas erleben wollten. Zu ihnen gesellten sich die politisch und religiös Verfolgten, die sich eine neue Existenz aufbauen wollten. Die dritte Gruppe bildeten die sogenannten »unerwünschten Elemente«, zu denen man Arbeitsscheue, Verbrecher, Vagabunden, Homosexuelle, religiös und politisch Verfolgte zählte. Schließlich gab es auch noch die Leute, die von den Handelsgesellschaften in die Kolonien geschickt wurden, um dort ihre Schulden abzuarbeiten.

Die Verbannung von Gesetzesbrechern in die Karibik war eine beliebte Strafe zur Zeit der Kolonisation im 17. und 18. Jahrhundert. Selbst ein geringes Vergehen wie das Tragen von Männerkleidung ließ die Gerichte zu dieser Maßnahme greifen.

Das erfuhr die junge Französin Julienne David, die 1779 in Nantes geboren wurde, am eigenen Leibe. Mit fünfzehn Jahren nämlich schmuggelte sie sich als Junge verkleidet an Bord einer Schaluppe, die zum Kampf gegen die Feinde der Französischen Revolution eingesetzt wurde. Aber relativ schnell wurde ihr wahres Geschlecht entdeckt. Julienne kam vor Gericht und wurde schließlich in die Karibik verbannt. Doch es gelang ihr, rechtzeitig zu entkommen.

Für eine Weile arbeitete Julienne als Bauernmagd. Doch in dieser Rolle fühlte sie sich nicht heimisch. Mit achtzehn Jahren heuerte sie wieder in Männerkleidung unter dem Namen Jacques auf einem Kaper an. Aber auch da dauerte es nicht lange, und sie wurde enttarnt. Allerdings zahlte man ihr dieses Mal zumindest noch ihren Anteil an der Prise aus.

Beide Erlebnisse hielten Julienne nicht davon ab, es 1804 noch einmal zu versuchen und zur See zu fahren. Aber das Glück schien nicht auf ihrer Seite zu sein: Sie kam in britische Gefangenschaft. Acht Jahre verbrachte sie daraufhin in Haft, ohne daß ihre wahre Identität bekannt wurde. Bis zu dem Tag, da ein neu eingelieferter französischer Gefangener, der wie Julienne aus Nantes stammte, sie erkannte und verriet. Sie wurde sofort entlassen.

Julienne galt als eine attraktive Frau. Noch in England erhielt sie gleich mehrere Heiratsangebote, aber sie kehrte als ledige Frau nach Frankreich zurück. Von da an trug sie ständig Männerkleidung. Zur See fuhr sie jedoch nicht mehr. Ihren Lebensunterhalt verdiente Julienne nun als Pferdeknecht. In der Umgebung war sie allseits bekannt als Kutscher Jacquot. 1843 starb sie in ihrer Geburtsstadt Nantes im Hospital »Gasthaus Gottes«.

Zwanzig Jahre später starb dort ebenfalls eine Seefrau: Louise Antonini. Während Julienne David ganz offensichtlich einen ausgeprägten inneren Drang verspürt hatte, zur See zu gehen, waren es im Falle von Louise Antonini vermutlich eher die äußeren Lebensumstände und materielle Not, die aus ihr eine Marinesoldatin machten.

Mit zehn Jahren bereits wurde die Korsin Vollwaise. Da sie nun keine Familie mehr hatte, machte sich die Tochter eines Offiziers als Junge verkleidet auf den Weg in die Bretagne, um dort die Verwandten der Mutter um Aufnahme zu bitten. Da diese aber nicht gerade erfreut waren, ein weiteres Kind zu versorgen, heuerte Louise schon bald als Schiffsjunge verkleidet auf einer Fregatte an. Dort brachte es das Mädchen im Laufe der Zeit vom Moses bis zum Sergeant.

Nach ungefähr fünfzehn Jahren wurde Louise bei einer Schlacht in Portugal verwundet. Erst da fiel ihr Rollentausch auf. Die junge Frau wurde zwar sofort aus der Marine entlassen, aber man beantragte immerhin eine kleine Rente für sie.

Anne Bonny – die skandalumwitterte Schönheit

Das Leben der berüchtigten Piratin Anne Bonny begann gleich mit einem Skandal. Sie wurde im März des Jahres 1700 als uneheliche Tochter von Margaret Mary Brennan, genannt Peg, im irischen Cork geboren. Peg arbeitete als Dienstmädchen im Hause des kinderlosen Ehepaares Cormac. Peg und der Anwalt William Cormac hatten ein Verhältnis, das so lange problemlos war, bis Margaret Mary Brennan schwanger wurde.

Annes Geburt führte zu einem Eklat. Das veranlaßte Cormac dazu, seine Tochter schon früh in Jungenkleidung zu stecken, um sie so in der Öffentlichkeit als Sohn eines entfernten Verwandten auszugeben.

Heimliche Beziehungen zwischen Dienstherr und Angestellter waren damals zwar durchaus üblich, aber William Cormacs Verhalten entrüstete die Gemüter. Denn statt Annes Geburt zu ignorieren, was in solchen Fällen vielfach geschah, sorgte der Anwalt in vorbildlicher Weise für seine Geliebte und das gemeinsame Kind. Er brachte sie in einem nahe gelegenen Häuschen unter und wollte sich für sie sogar von seiner Frau scheiden lassen, doch diese willigte nicht ein.

So vergingen sieben Jahre. Aber dann nahmen die Feindseligkeiten der Bewohner von Cork immer mehr zu, zahlreiche Klienten wandten sich von dem einst so beliebten Anwalt ab. Das gab William und Mary sehr zu denken, vor allem in Hinblick auf Annes Zukunft. Das Kind hatte keine Aussicht auf Bildung, da sich jede »anständige Erzieherin« weigerte, unter einer Herrin wie Peg Brennan zu arbeiten.

Mary und William erkannten, daß sie nicht länger in Cork bleiben konnten, wo sie sich inzwischen von einer Mauer aus Vorurteilen umgeben sahen. Sie beschlossen, dem alten Europa den Rücken zu kehren und in die Neue Welt zu gehen. Die kleine Familie buchte eine Schiffspassage nach Charleston in South Carolina.

Hier erwies sich William Cormac als wahrer Günstling des Glücks. Binnen kurzer Zeit stieg er zum reichen Plantagenbesitzer auf und häufte als Kaufmann ein stattliches Vermögen an. Seine Fähigkeiten als Rechtsanwalt brachten ihm darüber hinaus Achtung und Ansehen in der feinen Gesellschaft von Charleston.

Mary hingegen verkraftete die Umstellung nicht so gut. Sie verlor ihre einst so robuste Gesundheit und war oft krank. Auch litt sie ständig unter der Furcht, daß ihre neuen Nachbarn herausfinden könnten, daß sie einmal ein einfaches Dienstmädchen war. Immer häufiger zog sie sich zurück, bis sie irgendwann ihre eigenen Räume kaum noch verließ.

Anne, inzwischen dreizehn Jahre alt, war schön wie ihre Mutter und hatte deren rotgoldenes Haar geerbt. Ihre Privatlehrer waren von ihr begeistert, da sie eine rasche Auffassungsgabe besaß. Ihr Französischlehrer schwärmte, sie sei das klügste Kind, das er in der Kolonie kenne.

Trotzdem war Mary mit ihrer Tochter nicht zufrieden. Ihrer Meinung nach mußte Anne noch lernen, sanft zu sein, klug zu schweigen und gepflegte Konversation zu betreiben. Doch damit stieß sie bei Anne auf taube Ohren.

William Cormac hingegen verwöhnte seine Tochter über alle Maßen. Sie besaß mehrere eigene Räume, einen eigenen Hund, mehrere Pferde und Sklaven, die nur für ihre Betreuung da waren.

Auf der Farm lebte auch ein Indianer, Charley Vierfedern. Er hatte die Aufgabe, für die Cormacs zu jagen. Anne freundete sich mit dem Mann an. In Hosen gekleidet, begleitete sie ihn häufig auf seinen Streifzügen. Von Charley lernte sie den geschickten Umgang mit Bogen, Pistole, Muskete, Messer und Tomahawk.

Eines Tages beschlossen die Eltern, ihre Tochter in eine Schule zu schicken. Anfangs freute sich Anne sehr auf die anderen Kinder, die sie dort treffen würde. Auch ihrem Lehrer begegnete sie zunächst mit Respekt und Ehrfurcht. Doch ziemlich rasch wendete sich das Blatt. Den Erzieher fand sie unwissend und ließ ihn auch deutlich ihre Geringschätzung spüren. Mit den anderen Kindern kam sie schlichtweg nicht zurecht.

Die Mädchen gaben ihr zu verstehen, daß es ihr an Frömmigkeit mangele und sie klüger sei, als ihr gut tue, und schlossen sie aus ihrer Mitte aus. Daraufhin verbündete sich Anne mit den Jungen. Deren wilde Spiele sagten ihr deutlich mehr zu. Aber wegen der Gerüchte, die bald kursierten, war auch damit kurz darauf Schluß. Ein knappes Jahr hielt es Anne an dieser Schule aus.

Nach einem großen Krach zu Hause zeigte sich Anne einsichtig. Sie versuchte, die große Dame zu werden, die ihre Eltern sich so sehr wünschten. Sie ertrug die durch Stärke versteiften Mieder, lernte, mit einem Fächer ihre Stimmungen zu signalisieren, und verwandelte ihren Toilettentisch in eine wahre Apotheke. Täglich wurde Anne nun in eine nah gelegene Schule geschickt, in der sie komplizierte Stickereien, Spitzenarbeiten und Wandteppiche anzufertigen lernte. Außerdem erhielt sie Unterricht im Zeichnen und in der Herstellung feinster Backwaren.

Aber das hatte Anne nach kurzer Zeit satt. Schnell glitt sie wieder in ihre alten, lieb gewordenen Gewohnheiten zurück und verbrachte ihre Tage im Hafen statt in der Schule. Dabei achtete sie sorgfältig darauf, daß ihre Eltern nichts davon bemerkten. In Hose und Weste gekleidet, durchstreifte sie das Hafengebiet. Niemand kümmerte sich darum, was sie tat. In der Schule bemerkte man zwar, daß Anne immer häufiger fehlte, doch nahm man an, daß sie ihre kränkliche Mutter pflegte. Die Eltern erfuhren nichts von diesem Doppelleben ihrer Tochter. Die Mutter stand selten vor dem späten Nachmittag auf, und der Vater war den ganzen Tag in seinen Warenhäusern beschäftigt.

Anne genoß ihre Freiheit. Zwei- oder dreimal die Woche zog sie mit einem Trupp Jungen umher. Sie alle wollten unbedingt zur See gehen, Matrosen auf einem Kauffahrer oder Piraten werden. Auf den Kais übten sie sich im Kampf mit Holzschwertern und gestohlenen Entermessern. Anne war ihnen darin haushoch überlegen, dank ihrer Lehrzeit bei dem Indianer Charley Vierfedern.

Zusammen mit den Jungen stahl sie Obst und Firlefanz von den Händlern und nahm betrunkene Matrosen aus. Auch dabei war Anne sehr geschickt, so daß sie innerhalb der Bande anerkannt war, obwohl bald herauskam, daß sie ein Mädchen war. Annes Gastspiel im Hafen dauerte nicht lang, war aber sehr lehrreich für sie.

Clara, eine alte Dienerin, die Annes Mutter treu ergeben war, hatte von den Ausflügen des Mädchens erfahren und setzte es damit unter Druck. Zwischen den beiden entbrannten heftige Auseinandersetzungen. Als Clara eines Tages der Mutter dann doch alles preisgegeben hatte, schrie Anne voller Wut und Verzweiflung die alte Frau an.

Die Dienerin, die gerade Suppe zubereitete, drehte sich blitzschnell zu Anne um und schüttete ihr die kochende Brühe über Beine und Füße. Das Mädchen jammerte vor Schmerz und versetzte der alten Frau einen kräftigen Schlag. Diese zog plötzlich ein Messer, stach aber ins Leere, weil Anne geschickt auswich. Die Zeit, die sie mit den Jungen im Hafen verbracht hatte, hatte aus dem Mädchen eine behende Kämpferin gemacht. Als Clara erneut zustoßen wollte, hatte Anne bereits ihr eigenes Messer in der Hand und stach es der alten Dienerin fest in die Brust. Clara taumelte, verdrehte die Augen und sank dann zu Boden. Reglos und stumm blieb sie liegen.

Anne begann zu weinen. Sie weinte aus Angst, Zorn und aus Leid um all das, was nun nicht mehr war. Ihr Vater übernahm selbst die Verteidigung vor Gericht. Annes Tat wurde als Notwehr eingestuft, und da man sich damals um den Tod einer unfreien Dienstmagd nicht sonderlich kümmerte, war der Fall damit abgeschlossen.

Wieder einmal nahm Anne sich fest vor, ihr wildes Leben aufzugeben. Sie blieb dem Hafen fern und trug widerstandslos Kleider mit engsten Miedern. Jeden Tag übte sie nun einige Stunden Harfe und Französisch. Danach verbrachte sie ihre Zeit mit Nadelarbeiten. Die einzige persönliche Freiheit, die ihr noch zugestanden wurde, war der Fechtunterricht.

Als Anne fünfzehn wurde, galt sie als die »verlockendste und herausforderndste Schöne«[14] von ganz Charleston. Zum großen Entzücken von William Cormac bemühten sich gleich mehrere junge Männer aus reichem und angesehenem Hause um seine Tochter. Doch Anne rümpfte die Nase. Für diese jungen Stutzer empfand sie lediglich Verachtung.

William Cormac drängte bei seiner Tochter inzwischen immer häufiger zur Heirat. Als sie jedoch keinerlei Anstalten dazu machte, drohte er ihr damit, eine Wahl über ihren Kopf hinweg zu treffen. Im Stadthaus von William Cormac waren oft Piraten und Kaperkapitäne zu Gast. Selbst die angesehensten Familien in Charleston empfingen diese Männer, da sie in geschäftlicher Verbindung mit ihnen standen. Anne genoß die Begegnung mit den Seeleuten. Kamen sie zu Besuch, so übernahm Anne sehr oft die Rolle der Hausherrin, da die Mutter kaum noch ihre Gemächer auf der Plantage verließ.

Während dieser Zeit lernte Anne durch einen der Kaperkapitäne James Bonny kennen. In einer Ehe mit ihm sah sie die einzige Möglichkeit, einem langweiligen Leben an der Seite eines dieser jungen Männer der ersten Gesellschaft zu entrinnen. Sie bestürmte James Bonny, mit ihr durchzubrennen. Heimlich ließen sie sich trauen, in der Hoffnung, William Cormac würde sich mit der vollendeten Tatsache abfinden.

Aber es passierte das Gegenteil. Er verwies seine Tochter des Hauses und wollte nichts mehr mit ihr zu tun haben. In der Zwischenzeit war Mary gestorben, was Cormac in tiefe Trauer stürzte. In seiner Verzweiflung über den Tod der geliebten Frau enterbte er Anne und bezichtigte sie sogar des Mordes an ihrer Mutter. Cormac war der Überzeugung, daß es der Kummer über die mißratene Tochter war, der Mary so früh hatte sterben lassen. Außerdem unterstellte er Anne, Schmuckstücke der Mutter gestohlen zu haben. William Cormac ging dabei sogar so weit, daß er in beiden Punkten einen Haftbefehl gegen seine Tochter erwirkte.

Annes Ehegatte, James Bonny, sollte sich bald als Gauner und Tunichtgut entpuppen. Da seine junge Frau in Schwierigkeiten steckte, wollte er sich schleunigst aus dem Staub machen.

Aber Anne packte ihn am Kragen und schüttelte ihn: »Du hast mich geheiratet und konntest gar nicht schnell genug mit mir schlafen. Du wirst jetzt zu mir stehen wie ein richtiger Ehemann, oder ich schwöre dir, daß ich behaupte, du hättest mich entführt, und dann wirst du Charleston bestimmt nicht mit heiler Haut verlassen!«[15]

Mit Hilfe alter »Hafenfreunde« segelten Anne und James nach New Providence. Anne war niedergeschlagen. Sie fühlte sich müde und viel älter als sechzehn. Sie war jetzt nicht mehr Anne Cormac, die gefeierte Schönheit von Charleston, sondern nur noch Anne Bonny, ohne Familie und ohne Vermögen.

New Providence auf der Insel Nassau, die zu den Bahamas gehört, war ein paradiesisches Eiland. Sehr waldreich, mit vielen Süßwasserquellen, mit Früchten, Fischen, Schildkröten, Tauben, Wildschweinen und Rindern im Überfluß. New Providence war Zentrum für Schmuggler und Piraten sowie eine »blühende homosexuelle Gemeinde«.

James Bonny erwies sich als unfähig, für sich und seine Frau zu sorgen. Er entwickelte sich zu einem wahren Denunzianten. Anne, die furchtlos und unabhängig war, fand diese Haltung abscheulich. Das Paar entzweite sich immer mehr. Aber sie bewies, daß sie auch auf eigenen Füßen stehen und sich ohne Ehemann behaupten konnte.

Als Anne nämlich in New Providence an Land ging, verstellte ihr ein betrunkener, einohriger Matrose den Weg.

Anne Bonny

Vor ihm standen zwei Fässer. Auf dem einen lagen zwei Pistolen, auf dem anderen befanden sich zwei Krüge Bier. Der Mann ergriff eine der Pistolen, fuchtelte damit wild vor der Menge herum und polterte: »Halt! Niemand kommt hier vorbei, der nicht einen mit mir hebt!«[16]

Als er Anne sah, lallte er ihr mit einem lüsternen Blick zu: »Der Durchgangspreis für dich ist ein Kuß!« Die Menge johlte.

Die junge Frau aber schnaubte vor Zorn. Sie hatte genug von den grölenden und pfeifenden Kerlen, zog ihre Pistole und schoß dem Betrunkenen sein zweites Ohr ab.

Seelenruhig schob sie die Pistole zurück in die Falten ihres Rocks. Dann musterte sie den blutenden Mann und fragte ihn scheinbar höchst überrascht: »Bei Gott, das ist dein Kopf? Ich dachte, ich hätte auf den Henkel eines Kruges geschossen.«[17]

Strahlend drehte sich Anne der Menge zu. Die Umstehenden grölten vor Vergnügen. Damit hatte Anne sich ihren Platz unter den Piraten von New Providence erobert.

James Bonny heuerte sehr bald auf einem Schildkrötenfangboot an und verschwand. Anne blieb allein zurück und gesellte sich zu Kapitän Jennings und seiner Freundin Meg. Sie lernte in der Zeit noch andere Frauen kennen, die ihr viel Nützliches beibrachten. So warnten sie Anne auch vor den Seeleuten und meinten, daß eine Frau ohne den Schutz eines Mannes nicht in New Providence überleben könne.

Sie hatten nur zu recht. Denn in der Gesellschaft des 17. und 18. Jahrhunderts konnten Frauen keine Geschäfte abschließen oder eigenen Besitz erwerben. In New Providence galten Frauen sogar als Eigentum ihrer Männer, die sie je nach Belieben kaufen, verkaufen oder – im schlimmsten Falle – töten konnten. Und gehörte eine Frau keinem Mann, so gehörte sie allen Männern.

Allein aus diesem Grund ging Anne ein Verhältnis mit Chidley Bayard ein, dem reichsten Mann der Insel. Jedoch verließ sie ihn sehr schnell wieder, weil es sie langweilte, die Mätresse eines reichen Mannes zu sein. Anne zog es zurück auf See.

Die fähigsten und kühnsten Piraten, die zu jener Zeit in diesem Seegebiet operierten, waren Kapitän Vane und sein Steuermann Calico Jack Rackham. Anne tat sich mit den beiden zusammen. Sie brauchte einen männlichen Beschützeer und fand ihn in Jack Rackham, der wegen seiner auffallend gestreiften und geflickten Hosen den Beinamen Calico erhalten hatte.

Entgegen der allgemein verbreiteten Meinung war Rackham alles andere als ein Frauenheld. Er war der umworbene Favorit vieler Offiziere der Königlichen Marine Englands und kam als Geliebter eines Kapitäns über den Atlantik. Es scheint so, als habe die Verbindung mit Anne ihm nach außen hin ebensoviel »heterosexuelle Sicherheit« gegeben wie ihr.

Mit Vane, dem »schwulen Piraten«, kaperte Anne bald darauf ihr erstes Schiff. Es war ein französisches Handelsschiff, vollgeladen mit feinstem Tuch. Denn Vanes größte Leidenschaft gehörte dem Entwerfen erlesener Kleider aus edelsten Stoffen wie Samt und Seide, die nur sehr rar auf den Bahamas waren.

Gemeinsam schmiedeten sie einen Plan, wie sie dieser Schätze am besten habhaft werden konnten. Im Hafen stahlen sie eines der verlassenen Wracks und übergossen Topsegel, Deck und sich selbst mit Schildkrötenblut. Eine blutgetränkte Schneiderpuppe wurde am Bug aufgehängt, und Anne postierte sich darüber, ein bluttriefendes Enterbeil schwingend.

So nahmen sie Kurs auf das französische Handelsschiff. Die Besatzung des Kauffahrers wurde beim Anblick des

Schiffes derart von Entsetzen gepackt, daß sie ihre Ware kampflos übergab. Anne und ihre Partner triumphierten.

Doch das ungestrafte Leben der Freibeuter auf See sollte bald in Gefahr geraten. Die Kriege zwischen den Kolonialmächten in Europa wurden seltener. Nord- und Südamerika etablierten sich als Handelskolonien, in denen sich eine einheimische Besitzerschicht entwickelt hatte. Freibeuter, die Händlern früher hohe Zölle erspart hatten, wurden nun überflüssig. Auf einmal nannte man sie Piraten, war darauf bedacht, sich ihrer zu entledigen.

Woodes Rogers, ein fanatischer Royalist, war bisher als Kommandant eines Kaperschiffes auf den Meeren der Welt gesegelt. Jetzt wurde er zur Verfolgung der Piraten als neuer Gouverneur in New Providence eingesetzt. Der englische König hatte 1717 eine Amnestie erlassen, die besagte, daß jeder Pirat, der sich freiwillig stellte, begnadigt werden sollte.

Als Rogers kurz vor New Providence lag, ließ er ankündigen, daß er am darauffolgenden Morgen in den Hafen einlaufen werde. Dann wolle er all diejenigen begnadigen, die die damit verbundenen Bedingungen akzeptierten, und diejenigen hängen, die sich widersetzten. Dabei erfuhr der neue Gouverneur, daß einige Piraten die nächtliche Flucht planten. Sogleich ließ er den Hafen abriegeln und seine Flotte in Kampfstellung bringen.

Anne Bonny, Vane und Rackham gehörten zur Gruppe derer, die New Providence unbedingt verlassen wollten. Für Anne kam die Amnestie ohnehin nicht in Frage. Denn darunter fiel nicht der von ihrem Vater wegen Mordes und Diebstahls erwirkte Haftbefehl.

Rogers ließ den Hafen streng bewachen und beobachten. Plötzlich meldete der Ausguck: »Schiff genau voraus. Es kommt rasch näher!« Der Gouverneur ergriff ein Fernrohr und schaute angestrengt in die Dunkelheit hinaus.

Eine französische Brigantine fuhr unter vollen Segeln auf seine Schiffe zu. Sie schien aber seltsam auf eine Seite geneigt, wodurch sie anderen Schiffen im Hafen gefährlich nahe kam. Sie prallte gegen den Bug einer Schaluppe und streifte dabei noch eine zweite.

»An Bord müssen sie voll sein wie die Haubitzen«, meinte Rogers, »aber egal, wer es steuert beziehungsweise befehligt, jagt sie in die Luft!« Ihm war dieses seltsame und schlängelnde Schiff nicht geheuer.

Schon der erste Schuß entzündete Öllachen, die auf dem gesamten Deck verschüttet waren. Annes Plan war aufgegangen. Sie und ihre Leute hatten das unbemannte Schiff unter vollen Segeln losgelassen und das Ruder so festgezurrt, daß es von der ablandigen Brise auf die in der Hafeneinfahrt aufgereihten Schiffe zugetrieben wurde. Unter der Nachtbrise dann hatte es sich leicht zur Seite geneigt.

Die Flammen auf der Brigg griffen rasch um sich und hatten bald auch die vier schweren Kanonen erreicht. Diese waren mit Bolzen gestopft und leicht entflammbarem Pulver geladen.

Nun feuerten die Kanonen eine gewaltige Salve auf Rogers Flotte ab und spuckten alles aus, was die Piraten in sie hineingepackt hatten: Musketenkugeln, Schrot und andere Munition, aber auch Nägel und Schrott jeglicher Art. Es war ein spektakuläres Feuerwerk. Rauch erfüllte die Luft, und Schwefel biß Rogers Besatzung gewaltig in die Nase.

Plötzlich explodierte die Brigg mit einem ohrenbetäubenden Knall, und riesige Trümmerteile regneten auf Rogers Schiffe herab. Voller Panik löste sich die ganze Flotille auf.

In diesem Durcheinander war es ein leichtes für Anne, Calico und Vane, auf ihrem eigenen Schiff aus dem Hafen zu entschlüpfen. Das geschah im Jahr 1718 und war erst der Anfang einer ganzen Reihe von erfolgreichen Beutezügen.

Da es auf Piratenschiffen nicht üblich war, daß Frauen mitsegelten, mußte sich Anne jedem Mann an Bord als ebenbürtig erweisen. Sie faßte bei allen Arbeiten ordentlich mit an, hoffte sie doch, durch ihre Tatkraft die Vorurteile der Männer zerstreuen zu können. Denn es war wichtig, keine Mißstimmungen an Bord aufkommen zu lassen, da das Schiff stark unterbesetzt segelte.

Probleme bereitete ihr vor allem ein ausgesprochen widerwärtiger Mann namens Fitch, den sie von einem Handelsschiff angeworben hatten. Bei jeder sich bietenden Gelegenheit machte er sich an Anne heran. Er rempelte sie dümmlich grinsend an, wenn sie an ihm vorüberging, oder versuchte in dunklen Durchgängen, sie zu berühren.

Schließlich platzte Anne der Kragen, und sie forderte Fitch zum Duell heraus. Fitch reagierte fast panisch, denn obwohl er es nie zugegeben hätte, hatte er große Angst vor Anne. Trotzdem verkündete er großspurig: »Macht mir hinterher bloß keine Vorwürfe, wenn ich ihr den Arsch wegputze!«[18]

Voller Arroganz, aber auch Nervosität riß er die Hand hoch, um zu schießen. Da drückte Anne jedoch schon gelassen ab. Fitchs Pistole fiel herunter, zusammen mit einem Stück seines Daumens. Anne bemerkte vollkommen ruhig: »Vielleicht bringst du es nun fertig, deine restlichen Finger bei dir zu behalten.«[19] Nach dieser Episode kannte Anne keine Disziplinsorgen mehr bei der Besatzung.

Die Männer auf ihrem Schiff hatte Anne nun fest im Griff. Doch in bezug auf ihren Ehegatten konnte sie das nicht behaupten. Wütend über den Erfolg seiner Frau, tauchte James Bonny eines Tages ganz überraschend wieder auf der Bildfläche auf und meldete Anspruch auf sein »Eigentum Frau« an.

Es gelang ihm, Anne zu entführen. Nackt und gefesselt schleppte er sie vor den Gouverneur Woodes Rogers. Er beschuldigte sie des Ehebruchs und schlug Scheidung durch Verkauf vor. Nach dem Gesetz der Insel drohten ihr für den Ehebruch die öffentliche Auspeitschung und zwei Jahre Gefängnis oder vier Jahre als unfreie Dienstmagd. Bei Scheidung durch Verkauf entging sie einem solchen Urteil. Da James Bonny eigentlich nur an Geld interessiert war, willigte er in einen Verkauf ein.

Anne war empört und schrie, rasend vor Zorn: »Ich lasse mich nicht kaufen und verkaufen wie eine Kuh oder ein Schwein gekauft oder verkauft werden!«[20]

Sie tobte dermaßen, daß allen, einschließlich Woodes Rogers und vor allem James Bonny, klar wurde, daß sie jeden Mann umbringen würde, der mit diesem Handel zu tun hatte. Schließlich ließ der Gouverneur, den die Piratin im Kampf gegen die Spanier entscheidend unterstützt hatte, Anne unter der Bedingung frei, daß sie von ihrem »sündigen Lebenswandel« abließe.

Gleichzeitig hatte ihr alter Freund und Partner Jack Rackham bereits alles versucht, um Anne vor einem Verkauf zu retten. Er hatte sich nämlich selbst als Käufer angeboten. Damit erhielten wieder die hartnäckigen Gerüchte Nahrung, daß die beiden mehr als nur eine reine Kameradschaft verband. Anne war es zwar nicht so angenehm, als Calico Jacks Geliebte angesehen zu werden, aber für den Augenblick mußte sie es akzeptieren. Denn noch brauchten sie sich gegenseitig.

Anne und Jack trennten sich von Vane. Zu zweit zogen sie wieder mit einer Piratenmannschaft hinaus aufs Meer. Gemeinsam startete das ungleiche Paar einen Überfall nach dem anderen. Es gab kaum eine lohnenswerte Beute, die ihnen entging.

Eines Tages fanden sie auf einem gekaperten Schiff

mehrere Säcke Opium. Heimlich schaffte sich Jack davon etwas beiseite. Anne, die das beobachtet hatte, merkte auch bald warum. Calico Jack verfiel mehr und mehr dem Rum und dem Opium.

Anne versuchte, Jacks Schwäche vor der Besatzung zu verbergen. Aber diese erfaßte sehr schnell, daß Anne die eigentliche Befehlshaberin an Bord war. Anne machte sich Sorgen, wie lange das noch gut ging. Immer wieder fragte sie sich, ob die Piraten eine Frau als Kapitän akzeptieren würden.

Ruhelos wanderte Anne eines Nachts an Deck hin und her, um nach einer Lösung zu suchen. Dabei traf sie auf Mark Read, den neuen Steuermann, der bei der letzten Kaperung shanghait wurde. Mark war ein wertvolles Mitglied der Besatzung. Er verstand es meisterhaft, extrem nah an ein bewaffnetes Schiff heranzusegeln und dabei das eigene im toten Winkel der gegnerischen Geschütze zu halten.

Anne fand, daß Mark Read ein hübscher, wenn auch schmächtiger Matrose war, mit einer sehr zurückhaltenden Art. Sie hatte ihn schon eine Weile beobachtet und fand ihn recht anziehend. Des öfteren hatte Anne Mark dabei ertappt, wie er am Schott lehnte und die Sterne beobachtete.

Er war ein Einzelgänger. Deshalb hatte sie sich bisher davor gescheut, auf in zuzugehen. Nun aber spürte Anne, daß dort eine verwandte Seele war, jemand, mit dem sie sprechen konnte.

Sie ging zu Mark hinüber. Lange schwieg sie, bis dann alles aus ihr herausbrach. Mark wirkte ruhig und stark. Er besaß eine Würde, die Anne Vertrauen gab. So kam es, daß sie ihm ihre ganzen Sorgen mitteilte.

Lange redeten sie miteinander. Plötzlich, aus einem Impuls heraus, blickte Anne tief in Marks Augen. Und da erkannte sie auf einmal, wen sie vor sich hatte. Sie flüsterte: »Du bist eine Frau! Du bist eine Frau, genau wie ich!«[21]

Anne lachte, dann aber wurde sie wieder ernst. Scham erfüllte sie, daß sie eine Geschlechtsgenossin nicht erkannt hatte. Die zwei Frauen schauten sich scheu an.

»Ich heiße Mary Read«, sagte die andere schließlich.[22] Dann setzten sie sich beide unter die Sterne, und Mary erzählte Anne ihre Geschichte.

Mary Read – die treue Gefährtin

Mit Anne Bonny teilte Mary Read das Schicksal, daß auch ihre Geburt unter nicht gerade glücklichen Umständen erfolgte. Moll Read brachte Mary 1692 auf die Welt, nachdem ihr Ehemann bereits zwei Jahre auf hoher See unterwegs war. Bald darauf erhielt sie die Nachricht, daß sie nun Witwe sei, da ihr Mann bei einem Sturm über Bord gespült wurde.

Weil Moll kein Geld mehr besaß, ging sie mit ihrer kleinen Tochter nach London. Dort wollte sie die Verwandten ihres verstorbenen Mannes aufsuchen. Bevor Mary zur Welt kam, hatte Moll bereits einen Sohn namens Mark, der aber schon sehr früh gestorben war. Allerdings war die Verwandtschaft weder von dem Tod Marks noch von der Geburt Marys unterrichtet.

Dieses Versäumnis kam Moll nun zugute. Um ihre Ehre zu retten und um Mary das Erbe ihrer Großmutter zu sichern, verkleidete Moll ihre Tochter als Jungen und gab sie als Mark aus. So wuchs Mary als Junge auf. Doch als die Großmutter starb, zeigte sich, daß das ganze Versteckspiel nichts genutzt hatte. Sie hatte Mary nicht einen einzigen Penny vermacht, da sie das Kind selbst für einen Jungen als zu wild und aufsässig empfunden hatte. Trotzdem hielt Moll es für sicherer, Mary einen Jungen bleiben zu lassen, und schickte sie als Pagen zu einer reichen Lady in Stellung. Diese Arbeit gefiel Mary aber ganz und gar nicht. Sie lief davon und musterte auf einem Kriegsschiff an. Aber auch dort hielt sie es nicht lange aus. Sie desertierte und bewarb sich bei der flandrischen Infanterie. Dort verliebte sie sich in einen Kadetten. Gemeinsam mit ihm verließ sie die Armee, dieses Mal ganz legal. Das Paar eröffnete im holländischen Breda eine Gastwirtschaft mit dem Namen »Zu den drei Hufeisen«. Wenig später starb Marys Mann, aber obwohl sie sich bemühte, konnte sie das Wirtshaus nicht allein weiterführen.

Inzwischen war Mary zwanzig Jahre alt. Sie überlegte lange, was sie nun machen sollte. Schließlich schlüpfte sie wieder in Männerkleidung und heuerte auf einem holländischen Handelsschiff an.

Unweit der Bermudas fiel der Westindienfahrer englischen Piraten in die Hände, und Mary alias Mark Read schloß sich ihnen an. Nach einem kurzen Aufenthalt in New Providence wechselte sie zu einer anderen Crew über und kam so an Bord des Schiffes von Anne Bonny und Calico Jack.

Mehr Einzelheiten gibt es über das Leben von Mary Read nicht. Es ist zu vermuten, daß die Historiker einer Angehörigen der Unterschicht nicht so viel Interesse entgegebrachten wie einer Anne Bonny, der Tochter aus bestem Charlestoner Hause.

Nachdem Mary ihre wahre Identität enthüllt hatte, wurden die beiden Frauen unzertrennlich. Die meisten Historiker jedoch haben die Liebe zwischen Anne Bonny und Mary Read entweder gar nicht erwähnt oder sogar geleugnet. Dieser Aspekt ihrer Geschichte wurde häufig verfälscht oder verschwiegen.

Gemeinsam übernahmen die beiden Frauen nun den

Befehl über das Schiff. Rackham, dem Namen nach zwar noch immer Kapitän, war mit dieser Regelung glücklich, so lange er nur genug Rum und Opium hatte.

Mary verkleidete sich nun nicht mehr als Mann. Sie wurde von der Besatzung ebenso wie Anne wegen ihrer Fähigkeiten anerkannt. Denn auf der Fahrt hatte sie ja bereits ihr Können als »Steuermann« und »Kämpfer« unter Beweis gestellt.

Beide Frauen trugen jetzt prächtige Gewänder, die im wahrsten Sinne des Wortes für Königinnen bestimmt waren. Hin und wieder jedoch schlüpften sie vor allem bei Kaperfahrten in Hosen aus Samt. Der Oberkörper war dann nur leicht bekleidet oder sogar nackt, um so genügend Bewegungsfreiheit zu haben.

Wie schon als junges Mädchen, so verband Anne auch als Frau mit ihrer Männerkleidung ein regelrechtes Freiheitsgefühl. Unbehelligt konnte sie darin überall hingehen. Sie wurde nicht behindert durch Reifen, Stäbchen und Unterröcke. Auch hatte sie bemerkt, daß sie in Männerkleidung rücksichtsloser war, daß sie genauso arrogant und überlegen auftreten konnte wie viele Männer.

Anne und Mary besaßen zwei Schiffe, wollten aber noch ein drittes. Sie entschieden sich für die »Royal Queen«, das zur damaligen Zeit stärkste und schönste Schiff auf dem Atlantik. Es war schnell und wendig und mit zwanzig Kanonen bestückt.

Die beiden Piratinnen hatten es auch deshalb auf die »Royal Queen« abgesehen, weil sie Chidley Bayard gehörte. Der ehemalige Liebhaber von Anne hatte sich mit James Bonny zusammengetan. Beide waren sie nun hinter Annes Kopf her.

Als die Seeräuberinnen erfuhren, daß der Kapitän der »Royal Queen«, ein Mann namens Hudson, ein eitler Frauenheld war, schmiedeten sie einen Plan. Anne ließ sich

Mary Read

daraufhin von Hudson an Bord einladen. Ganz Lady, bat sie ihn mit Rücksicht auf ihren guten Ruf, seine gesamte Mannschaft unter Deck zu schicken. Während Hudson also seinen Männern Instruktionen erteilte, schüttete sie heimlich ein Schlafmittel in Hudsons Wein. Als der Kapitän dann selig schlummerte, verbrachte Anne voller Genugtuung die ganze Nacht allein an Deck.

Am anderen Morgen verabschiedete sich Anne herzlich von Hudson, lobte überschwenglich seine Qualitäten als Liebhaber und ging von Bord. Hudson war in bester Laune. Frohgemut lichtete er die Anker.

Doch seine Hochstimmung war nicht von langer Dauer. Auf hoher See wurde die »Royal Queen« von der Crew der beiden Piratinnen angegriffen. Hudson befahl sofort, das Feuer zu eröffnen. Aber kein einziger Schuß ging los. Alle Schlagbolzen an den Kanonen waren mit Wasser durchtränkt. Das schnellste und beste Schiff der Karibik wurde ohne Kampf von Anne und Mary übernommen.

Immer wieder wurden daraufhin Kriegsschiffe ausgesandt, um das »verdammte Weibliche« vom Meer zu fegen. Besonders wütend auf die beiden Frauen war der Gouverneur von Jamaika. Mit viel Erfolg operierten die Piratinnen, die gute Seefahrerinnen und Kämpferinnen waren, in seinen Gewässern. Da die Beschwerden der Kauffahrer immer lauter wurden, warb der Gouverneur schließlich einen Marinekapitän namens Charles Barnet an, der früher selbst einmal als Kaperer und Pirat in Erscheinung getreten war.

Unterdessen hatte ein Hurrikan die »Royal Queen« zerstört, so daß Anne und Mary wieder eine normale Piratenschaluppe segelten. Barnet tat es ihnen nach. Er besorgte sich ein schlankes, aber schwer bewaffnetes Schiff, das unter keiner offiziellen Flagge fuhr. In seinem Bug verbargen sich zwei Vierpfünder und eine gut ausgerüstete Mannschaft.

Im Oktober 1720 gingen Anne und Mary nach einer erfolgreichen Kaperfahrt mit ihrer »Dragon« vor der Küste Jamaikas vor Anker. Als Schlupfwinkel hatten sie eine schwer einsehbare Bucht gewählt, die zu schmal war, als daß andere Schiffe außer Piratenschaluppen sie passieren konnten. Die gesamte Besatzung ließ sich bis auf Anne und Mary sinnlos vollaufen und feierte ihren Sieg.

Doch plötzlich tauchte im Morgengrauen eine andere Schaluppe in der Bucht auf. Es dauerte eine ganze Weile, ehe man an Bord der »Dragon« begriff, daß diese kein befreundetes Piratenschiff war, sondern die »Königliche Marine«.

Aber nur Anne und Mary hatten noch alle ihre Sinne beieinander. Sie waren die einzigen, die den enternden Marinesoldaten Widerstand leisteten. Die Männer ihrer Besatzung, unter ihnen auch Kapitän Calico, waren alle in panischer Angst unter Deck geflüchtet.

Die beiden Frauen kämpften »wie alle weiblichen Dämonen aus den Alpträumen eines Matrosen in stürmischer Nacht« zusammen.[23] Mary stürmte während des Gefechtes wutentbrannt zu der angstschlotternden Mannschaft unter Deck und forderte die Männer auf mitzustreiten. Aber niemand rührte sich. Daraufhin erschoß Mary zwei von ihnen, was aber die anderen trotzdem nicht bewegen konnte, ihr zu folgen.

Eine Stunde Kampf und das starke Aufgebot einer gut bewaffneten Besatzung war nötig, um die zwei Frauen zu überwältigen. Als Anne und Mary von Bord geführt wurden, sahen sie, daß ihre übrige Mannschaft mit den Händen im Nacken aus dem Laderaum stieg und sich widerstandslos ergab.

In St. Jaga de la Vega oder Spanish Town, dem Regierungssitz von Jamaika, wurde den Piraten der »Dragon« der Prozeß gemacht. Die Verhandlung für die gesamte Mannschaft, bis auf Anne und Mary, war für den 16. November 1720 anberaumt. In dem Gerichtsurteil wurden alle Männer für schuldig befunden und sollten zwei Tage später gehenkt werden.

Calico Jack Rackham durfte am Vorabend seiner Hinrichtung noch einmal die beiden Frauen sehen. Aber alles, was Anne ihm sagte, war: »Es tut mir leid, dich hier so zu sehen, aber hättest du gekämpft wie ein Mann, dann müßtest du jetzt nicht wie ein Hund krepieren.«[24]

Der Prozeß für Anne und Mary fand am 28. November 1720 statt. Das Urteil lautete: »Ihr, Mary Read und Anne Bonny, seid der Seeräubereien, Diebstähle und Verbrechen, deren man Euch vor diesem Gericht angeklagt hat, für schuldig befunden. Ihr werdet dorthin zurückkehren, woher ihr kommt, und von dort an eine Richtstätte gehen, wo Ihr am Hals aufgehängt werdet, bis Ihr tot seid. Und Gott in seiner unendlichen Güte sei Euren Seelen gnädig. Habt Ihr etwas zu sagen oder etwas gegen diese Todesstrafe vorzubringen?«[25]

Anne stand auf und entgegnete: »Mylord, wir berufen uns auf unsere Bäuche!«[26]

Wegen des »Zustandes« der beiden Frauen wurde die Vollstreckung verschoben. Ob sie nun tatsächlich schwanger waren oder nicht, ist nicht ganz eindeutig bewiesen. Man weiß nur, daß der Arzt, der die Schwangerschaft vor Gericht bestätigte, ein Jahr zuvor durch Anne und Mary von der Folterbank des Sklavenschiffes »Jewel« befreit worden war.

Mary klagte kurz nach den Verhandlungen über Fieber und einen unangenehmen Husten. Wenige Tage später starb sie. Am Morgen des 4. Dezembers 1720 wurde Mary Read in der Nähe der St. Catherine's Christ Church in Spanish Town begraben.

Über Anne Bonnys Ende ist nichts bekannt. Auf jeden

Fall gibt es kein Dokument, das auf eine Hinrichtung hinweist. Über ihr weiteres Schicksal gibt es nur Vermutungen. So wird behauptet, daß sie von ihrem Vater oder einem seiner Geschäftsfreunde freigekauft wurde. An anderer Stelle ist davon die Rede, daß sie unbehelligt nach Charleston zurückgekehrt sei. Eine weitere Version spricht von einer Heirat. Es gibt auch Mutmaßungen, daß Anne in ein Kloster eingetreten oder sogar gemeinsam mit einer Gruppe religiöser Fanatiker gehängt worden sei.

Am ehesten widerlegen läßt sich wohl Anne Bonnys Rückkehr nach Charleston. Denn dort wurde sie noch immer steckbrieflich gesucht wegen Brandstiftung, versuchten Mordes, Verschwörung gegen die Krone sowie wegen Piraterie und des Kaperns von Sklavenschiffen, deren Sklaven sie stets freigelassen hatte.

Mary Ann Talbot – die ewige Verliererin

Während Mary Read sich mehr oder weniger freiwillig als Mann verkleidete und zur See ging, wurde Mary Ann Talbot zu beidem gezwungen. Trotzdem behauptete sie sich erfolgreich in dieser Welt und fand schließlich vor allem an der Männerkleidung und den damit verbundenen Freiheiten so viel Gefallen, daß sie Zeit ihres Lebens immer wieder in diese Rolle schlüpfte.

Mary Ann Talbot wurde am 2. Februar 1778 in London geboren. Ihr Vater war Lord William Talbot, Baron Hensol, »Lord Stewart of the Household« und Oberster der Miliz der Grafschaft Glamorgan. Den Namen ihrer Mutter, die bei der Geburt von Mary starb, erfuhr sie nie. Marys Mutter war nicht mit dem Lord verheiratet. Ihre jüngste Tochter war das sechzehnte Kind aus dieser Verbindung.

Während ihrer ersten Lebensjahre hielt die kleine Mary

die beträchtlich ältere Schwester für ihre Mutter. Bis zu ihrem fünften Lebensjahr wuchs das Mädchen in dem kleinen Dorf Worthern in der Nähe von Shrewsbury als Pflegekind auf. Mary schreibt in ihren Memoiren, daß sie sich dort gut aufgehoben fühlte, ohne den Verlust ihrer Mutter zu spüren.

Mit fast sechs Jahren kam Mary dann in Mrs. Tapperleys Internat nach Chester. Lord Talbot war mittlerweile ebenfalls gestorben, so daß das Mädchen vermutete, daß ein Freund ihres Vaters die Einschulung veranlaßt hatte. Neun Jahre blieb sie in dem Internat, »unvertraut mit den Lastern der Welt«.[27] Das einzige, was sie betrübte, war der Anblick von glücklichen Kindern, wenn sie von Eltern und Freunden besucht wurden.

Marys geliebte Schwester war verheiratet und lebte in Nord-Wales. Sie kümmerte sich fürsorglich um die Kleine, wann immer es möglich war. Mit neun Jahren glaubte Mary noch immer, daß ihre Schwester ihre Mutter sei. Während eines Besuches in Wales hielt es die Schwester dann doch für richtig, das Mädchen aufzuklären. Doch den Namen der Mutter verriet sie dabei nicht.

Als Mary ungefähr dreizehn Jahre alt war, starb diese Schwester. Das bedeutete einen schweren Schicksalsschlag für das junge Mädchen, das damit Freundin und Mutter verlor. Die gemeinsamen Stunden mit der geliebten Schwester waren die einzigen glücklichen in ihrem Leben. Nun, ohne sie, »fühlte ich eine Leere im Herzen, die mir das Leben lästig erscheinen ließ«, schreibt Mary in ihren Memoiren.[28]

Drei Monate nach dem Tod der Schwester holte ihr neuer Vormund, Mr. Sucker aus Newport, Mary aus dem Internat und brachte sie in seiner Familie unter. Mr. Sucker war sehr streng, und sein Verhalten flößte dem Mädchen Angst ein.

Bald darauf kam ein Hauptmann, Essex Bowen, zu Besuch. Er und Mr. Sucker waren etwa eine Woche vor Marys Entlassung aus dem Internat gemeinsam in Chester gewesen. Hauptmann Bowen wurde ihr nun als ihr neuer Vormund vorgestellt, der vor allem ihre Erziehung im Ausland überwachen sollte.

Nach wenigen Tagen schon verließ Mary mit ihm zusammen das Haus. Da Bowen Mr. Sucker gegenüber versicherte, er werde Mary in London zu einer Freundin bringen, die sich um ihre Erziehung kümmern wolle, freute sich das Mädchen auf die Stadt.

Als sie im Januar 1792 in London ankamen, gab es jedoch für Mary ein böses Erwachen, denn nun zeigte der Hauptmann sein wahres Gesicht. Mary schreibt dazu in ihrer Autobiographie: »Eingeschüchtert von seinem Auftreten und wissend, daß ich keinen Freund in meiner Nähe hatte, wurde ich zu allem, was er begehrte, und kam seinen Absichten so weitgehend entgegen, daß ich ein williges Werkzeug meines eigenen zukünftigen Mißgeschicks wurde.«[29]

Zwei Monate später erhielt Hauptmann Bowen den Befehl, sich nach Santo Domingo einzuschiffen. Er zwang Mary, ihn als seinen Burschen zu begleiten. Für diesen Zweck besorgte er Männerkleidung für sie und gab ihr den Namen John Taylor.

Es war eine sehr beschwerliche Reise. Mary mußte mit den Rangniedrigsten der Mannschaft die Unterkunft teilen. Von Bowen bekam sie nur das zu essen, was er von seinen Mahlzeiten übrigließ. Und zu allem Überfluß wütete noch ein schwerer Sturm über dem Atlantik.

Obwohl Mary als Bowens persönlicher Bursche galt, wurde wegen der extremen Wetterlage von ihr verlangt, an Deck mitzuarbeiten, was ihr aber durchaus gefiel, denn dabei lernte sie das seemännische Handwerk kennen.

Durch den Sturm kam das Schiff erheblich vom Kurs ab.

Um schnell wieder die alte Richtung einschlagen zu können, wurde Ballast von Bord geworfen. Dazu gehörten unter anderem auch Nahrungsmittel und Wasserfässer. Von nun an gab es nur noch einen Zwieback täglich und kaum noch Wasser. Doch glücklicherweise setzte bald Regen ein, so daß die Trinkvorräte wieder ein wenig aufgefüllt werden konnten.

Mary fühlte sich schwach und matt und hatte keinen Hunger mehr. Gelegentlich wurde sie von depressiven Gefühlen und Gedanken heimgesucht. Nur noch aus Angst vor einer Enttarnung ertrug sie die Qualen dieser Überfahrt.

Im Juni landeten sie schließlich in Port-au-Prince auf Santo Domingo. Der Aufenthalt war aber nur kurz. Sie erhielten den Befehl umzukehren und sich den Truppen des Herzogs von York auf dem europäischen Festland anzuschließen.

Durch günstigen Wind erreichten sie recht schnell die flämische Küste und marschierten sofort los. Bowen zwang Mary zu einem erneuten Rollenwechsel. Er ließ sie als Trommler in das Regiment aufnehmen. Dabei hatte sie ihm über ihre neue Aufgabe hinaus, weiterhin persönlich zur Verfügung zu stehen. Die junge Frau fühlte sich zutiefst erniedrigt und litt entsetzlich unter dieser Situation.

In der folgenden Zeit kam es zu mehreren Scharmützeln mit den feindlichen Franzosen. Bei der Belagerung von Valencienne wurde Mary durch eine Musketenkugel, die zwischen Brust- und Schlüsselbein hindurch auf eine Rippe schlug, und durch einen Säbelstreich im Kreuz verwundet. Aus Angst vor der Entdeckung ihres Geschlechts verbarg sie die Verletzungen und behandelte sie selbst mit Basilikum, Sharpie und Harlemer Öl.

Bei einem erneuten Angriff fiel Hauptmann Bowen. Heimlich durchsuchte Mary sein Zelt und entwendete einige Briefe. Es handelte sich dabei um die Korrespondenz zwischen Bowen und Sucker, die ausschließlich Mary zum Thema hatte. Die junge Frau nahm diese Briefe an sich und nähte sie vorsichtshalber in ihre Kleidung ein.

In der Folgezeit ging es ihr nicht gut. Ihre Wunden schmerzten, und ihre nach Bowens Tod vollkommen veränderte Lage verunsicherte sie. Schließlich faßte sie sich ein Herz, desertierte und machte sich auf den Weg zurück nach England.

Mary schlug sich bis Luxemburg durch. Hier heuerte sie im September 1793 auf dem feindlichen französischen Logger unter dem Kommando von Kapitän Le Sage an. Mary hielt das Schiff für einen Kauffahrer. Aber schon bald merkte sie, daß sie sich auf einem Kaper befand. Über den Rhein gelangten sie nach vier Monaten auf den Ärmelkanal. Dort stießen sie auf die britische Flotte, und Le Sage befahl alle auf ihre Posten.

Mary versuchte sich zu verstecken, weil sie nicht gegen ihre Landsleute kämpfen wollte. Le Sage entdeckte sie jedoch und peitschte sie an Deck mit einem Tampen, doch Mary verweigerte weiterhin hartnäckig den Dienst. Der Kapitän ließ sie nun in Ruhe, aber nur, weil er sich um die Verteidigung des Schiffes kümmern mußte.

Aufgrund der englischen Übermacht war die Schlacht allerdings bald beendet. Die Mannschaft des Kapers wurde auf die »Queen Charlotte« zum Verhör vor Lord Howe gebracht. Mary schilderte in einer abgewandelten Geschichte ihren Grund für die Einschiffung auf dem französischen Kaper, ohne dabei ihr Geschlecht preiszugeben. Lord Howe sandte sie daraufhin in eine neue Stellung auf eines seiner Schiffe, und zwar auf die »Brunswick« unter Kapitän John Harvey. Mary wurde Pulverjunge an der zweiten Kanone des Achterdecks.

Dem Kapitän fiel nach einiger Zeit Marys Sauberkeit

und ihr gefälliges Verhalten auf. Als er in Gesprächen mit ihr herausfand, daß sie eine gute Erziehung und Schulbildung erhalten hatte, keine Eltern mehr besaß und von ihrem Vormund ausgenutzt worden war, beschloß er, sich stärker um seinen Pulverjungen zu kümmern. Mary wurde zum ersten Kajütenjungen befördert.

Nach drei Monaten stieß die englische Flotte auf die französische, was zu der berühmten Seeschlacht vom 1. Juni 1794 führte. Mary wurde während des Gefechts schwer verwundet. Darüber schreibt sie in ihrer Autobiographie: »Während des ganzen Kampfes ... fühlte ich mich nicht im leisesten geängstigt. Kurz bevor die Ramillies herankam, erhielt ich eine schwere Wunde oberhalb des Knöchels meines linken Beines durch eine Kartätsche, die auf die hinterste Klammer der Kanone aufschlug und, vom Deck abprallend, in mein Bein drang. Dennoch versuchte ich dreimal aufzustehen, doch ohne Erfolg, und beim letzten Versuch stak ein Teil des Knochens durch die Haut, so daß ich unmöglich hätte stehen können, selbst wenn ich in der Lage gewesen wäre, mich zu erheben. Mein Unglück vollständig zu machen, erlitt ich eine weitere Wunde durch eine Musketenkugel, die meinen Oberschenkel etwas oberhalb des Knies desselben Beines völlig durchschlug. In diesem verkrüppelten Zustand lag ich, bis das Gefecht vorüber war.«[30]

Am 12. Juni erreichten sie Spithead, und Mary wurde in das Haslar-Hospital in Gosport bei Portsmouth gebracht. Da das Krankenhaus hoffnungslos überfüllt war, wurde sie als ambulante Patientin aufgenommen. Sie wohnte in einer privaten Unterkunft und lebte von dem Geld, das ihr der Kapitän vor der Schlacht übergeben hatte. Harvey selbst war in dem Kampf so schwer verwundet worden, daß er starb.

Vier Monate lang wurde Mary behandelt, bis ihr Bein

einigermaßen wieder gebrauchsfähig war. Die Kugel konnte dabei nicht entfernt werden, da sie zwischen den Sehnen steckte und ein falscher Schnitt Mary zum Krüppel gemacht hätte.

Als sie sich wieder kräftig genug fühlte, ging die junge Frau an Bord eines Bombardierschiffes. Obwohl sie dort als Seekadett angeheuert hatte, erhielt sie aus nicht bekannten Gründen nur den geringen Lohn eines gewöhnlichen Seemannes. Doch bald sollte sich Mary gerade hier durch besonderen Mut auszeichnen.

Während eines Sturmes war das Klüversegel losgerissen, und jemand mußte sich auf den Klüverbaum begeben, um es wieder zu reparieren. Das Schiff schaukelte wie eine Nußschale auf den turmhohen Wellen, und niemand mochte diese gefährliche Aufgabe übernehmen, obwohl diese Reparatur für alle überlebenswichtig war.

Mary meldete sich freiwillig. Mühsam kletterte sie auf ihren Posten. Das Schiff schlingerte heftig, und pausenlos brachen die Wellen über Mary zusammen. So schnell sie konnte, band sie sich am Klüverbaum fest, um nicht über Bord gespült zu werden. Sechs Stunden verbrachte sie in dieser extremen Position.

Einige Monate später wurde das Bombardierschiff in der Nähe von Dünkirchen von einem französischen Kaper angegriffen und überwältigt. Die Besatzung wurde nach Dünkirchen gebracht und ins Gefängnis von St. Claire gesteckt. Nach achtzehn Monaten, von denen Mary fast drei ohne Tageslicht und nur bei Wasser und Brot zubrachte, kam sie durch einen Gefangenenaustausch wieder frei.

Im Gefängnis hatte sich ihr Gesundheitszustand wieder verschlechtert. Sie litt unter großen Schmerzen im Bein. Doch trotzdem heuerte sie auf einem amerikanischen Kauffahrer als Schiffssteward an. Die Reise sollte über New

York nach England gehen. Im August 1796 legten sie in Dünkirchen ab.

Schon nach vier Wochen erreichten sie New York. Zwei Wochen lang hatte Mary die Aufgabe, die ausgelieferten Waren zu registrieren. Danach wurde sie von Field, dem Kapitän ihres Schiffes, eingeladen, mit ihm zusammen seine Familie in Rhode Island zu besuchen. Während der Reise dorthin entwickelte sich zwischen Field und Mary ein ausgesprochen freundschaftliches Verhältnis. Vierzehn Tage verbrachte sie im Hause seiner Familie. Alle schlossen den jungen Gast auf Anhieb in ihr Herz, und so wurde es für Mary eine »traumhafte Zeit«. Es gab jedoch einen kleinen Schönheitsfehler.

Die Nichte des Ehepaares Field hatte sich bis über beide Ohren in den jungen Schiffssteward verliebt und ihn sogar gebeten, sie zu heiraten. Mary versuchte angestrengt, sich der jungen Frau mit Ausreden zu entziehen, was aber nicht so recht gelang. Unterstützung erhielt Mary jedoch durch Mrs. Field, die sehr bald bemerkte, welche Gefühle sich bei ihrer Nichte entwickelt hatten. Auch sie erhob starke Bedenken gegen diese Verbindung, da sie John alias Mary als zu jung und unerfahren empfand. Aber die Nichte, deren Name nicht erwähnt wird, ließ sich durch nichts und niemanden beirren. Sie bedrängte Mary, als Liebespfand eine Miniatur für sie anfertigen zu lassen. Damit die junge Frau endlich Ruhe gab, kam Mary seufzend ihren Wünschen nach. In New York saß sie in der vollen Uniform eines amerikanischen Seeoffiziers Modell für eine Miniatur, die sie die damals horrende Summe von achtzehn Dollar kostete. Erst nach diesem Geschenk und dem Versprechen, bald zurückzukehren, ließ die verliebte Nichte Mary abreisen.

Am 20. November 1796 kamen sie in London an. Kapitän Field hatte inzwischen so viel Vertrauen zu Mary, daß er sie bat, weiter bei seiner Mannschaft zu bleiben. Da er beabsichtigte, sich bald zur Ruhe zu setzen, machte er ihr sogar das Angebot, ihr nach ein oder zwei weiteren Reisen das Kommando zu übergeben.

Der Aufenthalt in London sollte nur von kurzer Dauer sein, da sie planten, so rasch wie möglich ihr nächstes Ziel im Mittelmeer anzusteuern. Für diese Fahrt sollte Mary noch einige wichtige Seekarten kaufen. Sie verband diesen Auftrag mit einem gemeinsamen Landausflug mit dem Maat John Jones. Als die beiden jedoch mit ihrem Boot am St. Catherine's Dock anlegten, wurden sie sogleich von einer Preßpatrouille aufgegriffen. Mary und Jones wehrten sich mit aller Kraft, was Mary eine Verwundung am Kopf durch ein Messer einbrachte. Aber trotzdem wurden sie überwältigt. Jones wurde allerdings sehr bald freigelassen, da er sich als Amerikaner ausweisen konnte und außerdem verriet, daß Mary Engländer war. Damit wollte Jones seinen vermeintlichen Nebenbuhler ausschalten. Denn der Maat war nicht nur in Fields Nichte verliebt, sondern beanspruchte auch die Kapitänsnachfolge für sich.

Mary wurde drei Tage und Nächte festgehalten. Als sie dann mit anderen Gepreßten auf die verschiedenen Schiffe verteilt werden sollte, beschloß sie, ihr Geheimnis preiszugeben. Die Offiziere vermuteten zunächst, Mary sage das nur, um freizukommen. Schließlich schickten sie sie zum Schiffsarzt, der diese Behauptung nur bestätigen konnte. Daraufhin wurde sie sofort von den Offizieren entlassen.

Mary entschied sich dafür, auch Kapitän Field über ihre wahre Identität aufzuklären. Sie wollte nach diesem Erlebnis nie wieder an Seedienst denken oder überhaupt an Bord eines Schiffes gehen. Mr. Field versuchte Mary zu überreden, ihn weiterhin zu begleiten, aber sie wehrte heftig ab. So zahlte er sie aus und schenkte ihr zusätzlich eine ansehnliche Summe Geld.

Mary wußte zunächst nicht, was sie jetzt tun sollte. Erst einmal nahm sie sich ein Zimmer. Von da an ging sie, und zwar stets in Männerkleidung, in den Theatern und Gaststätten um Covent Garden ein und aus und erlangte bald den Ruf eines guten Zechgenossen. Doch langsam ging ihr Geld zur Neige. Mary verabredete sich mit einem Gauner namens Haines und seinen Männern zu einem Raubüberfall. Sie wurde mit Waffen ausgestattet, dann brach sie gemeinsam mit der Bande auf. Aber plötzlich wurde sich Mary der Gefahr bewußt, die mit diesem Unternehmen verbunden war. Sie teilte Haines mit, daß sie nicht mitmachen werde. Dieser reagierte sehr verärgert, aber Mary blieb standhaft.

Seit Beginn ihres Aufenthaltes in London stellte sie immer wieder bei der Zahlstelle der Marine Anträge auf Geld, das ihr durch den Dienst an Bord der »Brunswick« und des Bombardierschiffes zustand. Mit der Zahlung ließen sich die Behörden jedoch viel Zeit. Eines Tages platzte Mary der Kragen. Sie wurde so ausfallend, daß die Beamten sie verhaften ließen. Noch am selben Tag, es war der 31. Dezember 1796, wurde sie in das Bow-Street-Gefängnis gebracht und gleich mehrere Stunden lang verhört.

Nach einem zweiten Verhör am nächsten Tag entschloß sich Mary, ihre ganze Geschichte zu erzählen. Das hatte solch eine Wirkung, daß es sofort an Ort und Stelle zu einer spontanen Spendensammlung kam. Außerdem erhielt sie durch die Vermittlung einiger Gentlemen Unterkunft im Hause einer Mrs. Jones.

Bis Mary das ihr zustehende Geld von der Regierung erhielt, wollte man ihr zwölf Schillinge wöchentlich aus dem Spendengeld zukommen lassen. Ein Mr. Pritchard sollte die Summe verwalten. Allerdings wurden alle Wohltaten auch mit einer Bedingung verknüpft: Mary sollte mit den männlichen Gewohnheiten brechen, die ihr inzwischen schon so selbstverständlich geworden waren.

Nach ihrem Einzug bei Mrs. Jones trug sie zunächst wieder Frauenkleidung. Doch konnte sie der Versuchung nicht widerstehen und ging bald wieder als Matrose verkleidet aus.

Einen Monat später erhielt sie endlich einen Teil des ihr zustehenden Geldes, von dem sie auch Mrs. Jones und deren Familie großzügig bedachte. Aber die Zimmerwirtin dankte es ihr ganz und gar nicht.

Mary schreibt in ihrer Autobiographie, daß Mrs. Jones sie bei Mr. Pritchard anschwärzte als eine Person, »die männlichen Gewohnheiten wie dem Rauchen, Grogtrinken und dergleichen mehr zugewandt sei als dem, was einer Frau anstehe, obwohl ich niemals Grog nahm, ohne sie dazu einzuladen, und sie sich niemals bitten ließ, einen reichlichen Schluck zu nehmen. Wenn immer ich mich als Seemann kleidete, suchte ich die Gesellschaft von Kameraden, die ich von der Brunswick kannte, und gab mein Geld, so lange es währte, in Gesellschaft der tapferen Burschen im ›Coach and Horses‹ gegenüber von Somerset House aus, wo sie meist verkehrten.«[31]

Nach diesem Zwischenfall zog Mary bei Mrs. Jones aus und bei Mrs. Higgins ein. Jedoch beschreibt sie in ihren Memoiren nicht, ob die Unterhaltszahlungen aus dem Spendengeld eingestellt wurden.

Im Februar 1797 arbeitete sich die Kartätschenkugel aus Marys Bein heraus. Mary selbst war der Meinung, daß die Wunde aufgrund ihres allzu freizügigen Umgangs mit dem Alkohol wieder aufgebrochen sei. Obwohl die Kugel nun heraus war, heilte die Wunde nicht ab. Mary kam ins St.-Bartholomew-Hospital, wo sie vier Monate bleiben mußte, da ständig Knochensplitter herausoperiert werden mußten.

Nach ihrer Entlassung war Mary wieder einmal völlig

mittellos. Die Wunde am Bein brach bald erneut auf, weil Knochen und Blut der Patientin in einem zu schlechten Zustand waren. In dieser Situation bat Mary verschiedene einflußreiche Persönlichkeiten um Geld. Vom Herzog von York erhielt sie nach zwei Wochen fünf Guineen. Doch diese Summe war rasch verbraucht.

Da erinnerte sich Mary an den deutschen Schmuckhersteller, den sie im Gefängnis von Dünkirchen kennengelernt hatte und der Golddraht auf eine ganz besondere Weise zu Schmuckstücken verarbeitet hatte. Obwohl der Mann ängstlich darauf bedacht war, das Geheimnis seiner Verarbeitung zu bewahren, war es Mary gelungen, nur durch genaues Beobachten seine Arbeitsweise zu erlernen, was ihr jetzt nützlich wurde. Ohne das entsprechende Gerät ging es jedoch nicht. Also sprach sie bei Mr. Loyer, einem Juwelier, vor. Dieser ließ das Gerät nach Marys Angaben bauen und bot ihr an, es in seiner Werkstatt aufzustellen und auch die Schmuckstücke für sie zu vertreiben. Mary willigte ein. Aber schon bald zeigte sich, daß das Geld, das sie von dem Juwelier für ihre Arbeit erhielt, nicht ausreichte. Sie forderte mehr von Mr. Loyer, aber dieser lehnte ab. Er hatte nämlich in der Zwischenzeit einen seiner Angestellten damit beauftragt, sich heimlich diese Spezialtechnik anzueignen. Damit war das Dienstverhältnis aufgekündigt.

Bald darauf verschlimmerte sich wieder der Zustand von Marys Bein. Sieben Monate lang war sie im St.-George's-Hospital ans Bett gefesselt. Als sie das Krankenhaus verließ, war das Bein zwar nicht geheilt, aber sie hatte das Hospital einfach leid und war außerdem den Ärzten gegenüber inzwischen mißtrauisch geworden.

Danach lebte Mary einige Zeit von den Zuwendungen einer Mrs. Emma Raynes, die ihr auch eine Unterkunft besorgt hatte. Um aber der gutmütigen Frau nicht zu sehr zur Last zu fallen, schrieb Mary wieder Bittbriefe mit dem Erfolg, daß der Herzog von Norfolk ihr eine ansehnliche Summe schickte.

Die Schwierigkeiten im Leben der ungewöhnlichen Frau wollten aber nicht abreißen. So zeigte die Schwester ihrer Zimmerwirtin Mary an, weil diese ihr Haar puderte, um einen guten Eindruck zu machen, wenn sie irgendwo vorsprach. Das Pudern war jedoch mit einer Steuer belegt. Im Februar 1798 hatte Mary deshalb vor dem Stamp Office zu erscheinen. Zu ihrer Verteidigung trug sie vor: »Ich verwendete niemals Puder als Teil meines Putzes, wohl aber oftmals als Pulver in Verteidigung meines Königs und Vaterlandes.«[32] Diese Worte aus dem Munde einer Frau sorgten für viel Aufregung. Und auch hier hatte die Schilderung ihrer Lebensgeschichte eine spontane Geldsammlung zur Folge.

Wieder einmal zog Mary um. Als Reaktion auf eine ihrer Bittschriften erhielt sie von der Herzogin von York eine größere Anzahl weiblicher Kleidungsstücke.

Eines Tages beschloß Mary, ihren ehemaligen Vormund Mr. Sucker in Newport aufzusuchen und ihn nach ihrer Herkunft zu befragen. Dabei stellte sie Forderungen, auf die der Mann zwar ängstlich reagierte, aber nichts sagte. Als Mary erneut bei ihm vorsprach, teilte man ihr mit, daß Mr. Sucker ohne vorherige Anzeichen von Krankheit tot im Bett aufgefunden wurde. Niedergeschlagen verließ Mary Newport. Da sie nur noch wenig Geld besaß, konsultierte sie auch keinen Anwalt.

Zurück in London, verlegte sie sich erneut auf das Schreiben von Petitionen und unternahm Bittgänge zu hochgestellten Persönlichkeiten. Durch das viele Laufen arbeiteten sich aber wieder Knochensplitter durch, und Mary ging ins Middlesex-Hospital.

Nach vierzehn Tagen mußte sie wegen einer Zeugenaussage vor Gericht erscheinen. Da sie danach wieder ins Hospital zurückkehren sollte, nutzte sie die Gelegenheit für einen Abstecher zu ihrer Wohnung. Doch dort wurde sie das unglückliche Opfer einer folgenschweren Verwechslung.

Im Hausflur überfiel sie nämlich der Friseur Spraggs, der annahm, hier eine säumige Kundin vor sich zu haben. In seiner Wut schlug er Mary zu Boden, brachte ihr mehrere Schnittwunden bei und trat wild auf sie ein. Dadurch wurde das kranke Bein noch mehr verletzt. Mary zeigte den Mann sofort an und kehrte ins Hospital zurück, wo sie ihren Aufenthalt aufgrund dieses Angriffs verlängern mußte.

Immerhin nahm sich der Richter Marys Sache an, ohne von ihr Geld zu verlangen. Im Gegenteil, er ließ ihr sogar noch eine hübsche Summe zukommen. Spraggs wurde nämlich für schuldig befunden und dazu verurteilt, zehn Pfund an das unglückliche Opfer zu zahlen.

Im Februar 1799 wurde Mary aus dem Hospital mit dem Hinweis entlassen, das Bein nicht zu sehr zu belasten. Sie verlegte sich wieder auf Bittgänge und -briefe. Vom Kriegsministerium erhielt sie daraufhin den Lohn für ein halbes Jahr. In dieser Zeit nahm sie sich eines dreijährigen verwaisten Kindes an.

Als Mary im Oktober erneut ins Krankenhaus mußte, gab sie das Kind bei zwei jungen Frauen in Obhut. Im Hospital bereitete man gerade die Amputation ihres Beines vor, als Mary die Nachricht erreichte, daß ihr kleiner Schützling ertrunken sei. Sie zögerte nicht lange, verließ das Hospital und begab sich zum Hafen. Hier konnte sie aber nichts mehr ausrichten. Der Leichnam des Kindes wurde nie gefunden.

Weil ihr die überstürzte Flucht aus dem Krankenhaus peinlich war, ging sie erst vierzehn Tage später in ein anderes, und zwar in das Hospital von St. Marylebone.

Hier blieb sie fast vier Monate, aber von Amputation wurde nicht gesprochen.

Kurz nach ihrer Entlassung raubten Unbekannte Marys ganzes Hab und Gut. Wieder stand sie mit leeren Händen da. Dieses Mal versuchte sie etwas ganz Neues. Sie ging zur Bühne. Das Theaterspielen bereitete Mary zwar viel Vergnügen, aber die Gagen reichten nicht für ihren Lebensunterhalt. Als sie ihre Miete nicht mehr zahlen konnte, wurde sie vom Finanzgericht zu einer Strafe im Newgate-Gefängnis verurteilt. Mehrere bekannte und auch anonyme Spender beglichen einen Teil der Schulden. Trotzdem blieb Mary im Gefängnis.

Über diese Zeit schreibt sie: »Mein Aufenthalt in Newgate wurde über meine Erwartungen hinaus angenehm gestaltet durch die gleichbleibende Aufmerksamkeit einer Frau, die bereits einige Zeit vor meiner Festnahme bei mir gewohnt hatte: Denn als es nicht länger in meiner Macht stand, sie in gewohnter Weise zu unterstützen, blieb sie bei mir im Gefängnis, statt mich zu verlassen, und trug durch Handarbeiten, die sie sich beschaffte, beträchtlich zu meinem Unterhalt bei. – In allen Wechselfällen, die ich seitdem erlebt habe, ist sie mir eine treue Freundin gewesen.«[33]

Nach der Haftstrafe im Jahre 1804 arbeitete Mary bei einem »gewissen Mr. E.«, der ihr aber bald den Lohn schuldete. Da sie nun wieder ihre Miete nicht zahlen konnte, behielten ihre Vermieter einige persönliche Dinge von Mary ein, unter anderem wichtige Papiere und Briefe. Daraufhin konsultierte sie einen Anwalt, aber die Klage wurde abgewiesen.

Das Unglück verfolgte Mary weiterhin. Im September 1804 wurde sie von einer Kutsche geschleudert. Sie erlitt dabei schwere Prellungen und brach sich den Arm. Schadensersatzklagen blieben erfolglos.

In dieser Situation nahm ein Verleger sie in seinem Haus

auf. Hier arbeitete Mary nach ihrer Genesung drei Jahre lang als Hausgehilfin und schrieb mit Unterstützung dieses Mannes ihre Autobiographie. Im Laufe des Jahres 1807 wurde sie jedoch immer schwächer, so daß sie nicht mehr arbeiten konnte. Mary Ann Talbot starb am 4. Februar 1808.

Lucy Brewer – die wohlbehütete Tochter

Die Entscheidung, als Mann verkleidet bei der Marine anzumustern, stellte für die Amerikanerin Lucy Brewer den einzigen Ausweg dar, um ihre verfahrene Lebenssituation wieder ins rechte Lot zu bringen. Lucy Brewer wurde 1793 oder 1794 in einer kleinen Stadt im Bezirk Plymouth im amerikanischen Staat Massachusetts geboren und wuchs in einem wohlbehüteten Elternhaus auf. In ihrer Autobiographie schreibt sie über ihre Kindheit und Jugend, daß sie bis zu dem Tag ihrer großen Enttäuschung stets glücklich gewesen sei.

Mit sechzehn nämlich verliebte sich Lucy in den nur wenige Jahre älteren Sohn eines angesehenen Händlers aus der Nachbarschaft. Er überschüttete sie mit feierlichen Gelübden und Liebesschwüren und versprach ihr, sie zu heiraten. Allen Warnungen ihrer Eltern zum Trotz ließ sie sich von dem jungen Mann verführen.

Doch dieser war ihrer Zärtlichkeit bald überdrüssig, und zu spät mußte Lucy erkennen, daß er niemals vorgehabt hatte, sie zu seiner Ehefrau zu machen. Zu dem Zeitpunkt war sie schon schwanger, wollte aber trotzdem nicht ohne Liebe geheiratet werden. Sie »lehnte es ab, von seiner Menschlichkeit zu fordern, was« sie, Lucy, »von seiner Liebe nicht bekommen konnte«.[34]

Darum erzählte sie dem jungen Mann erst gar nichts von

ihrer Schwangerschaft. Und auch ihren Eltern vertraute sie sich nicht an, da sie ihnen diese Schmach nicht antun wollte. Nach langem Überlegen faßte sie dann schweren Herzens den Entschluß, heimlich von zu Hause wegzugehen.

In einer kalten Winternacht machte Lucy sich um zwölf Uhr auf den Weg nach Boston, das etwa vierzig Meilen entfernt lag. Vor Müdigkeit und Kälte zitternd, brach sie fast zusammen, als sie schließlich in der Stadt eintraf. Hungrig und von Selbstvorwürfen gepeinigt, fing sie an zu weinen. Sie wußte einfach nicht mehr weiter und überlegte mehr als einmal, wieder umzukehren.

Aber ihre Angst vor der Schande war zu groß. Von den wenigen Cents, die sie besaß, kaufte sie sich ein paar Kekse und setzte sich in dem Laden auf eine Bank, um sie dort zu essen. Kurz darauf trat die Besitzerin ein und sprach Lucy an. Schon sehr bald hatte die ältere Frau die Lage des jungen Mädchens erkannt. Freundlich bot sie Lucy für die Nacht eine Unterkunft in ihrem Hause und auch etwas zu essen an.

Am nächsten Morgen verabschiedete sich die Ladenbesitzerin von dem jungen Mädchen mit tröstenden Worten, aber auch mit Warnungen vor einem gewissen Viertel. Schweren Herzens machte sich Lucy wieder auf den Weg. Sie hoffte, trotz ihrer Schwangerschaft eine Anstellung bei einer Familie zu finden.

Zwei Tage lang lief sie in ihrer dünnen Kleidung bei ständigem Schneegestöber durch Boston, klopfte an viele Türen. Aber niemand nahm sich ihrer an. Lucy war völlig verzweifelt und wünschte sich in diesen Tagen oftmals, »reuig in die Arme ihrer weltbesten Eltern« zurückkehren zu können.[35]

Am Nachmittag des dritten Tages schien sie endlich Glück zu haben. Zum ersten Mal begegnete man ihr liebevoll und mitleidig. Die »Mutter« des Hauses schenkte ihr ihre ganze Aufmerksamkeit und war sehr herzlich. Lucy hatte den Eindruck, daß sie aufrichtig empört über die Bürger Bostons war, die Lucy in dieser Situation abgewiesen hatten. Ihre Töchter und sie selbst versprachen zu helfen.

Lucy stellte zwar keine Ähnlichkeit zwischen Mutter und der großen Schar Töchter fest, sah aber aufgrund ihrer Erschöpfung und gutgläubigen Dankbarkeit nicht den Betrug. Die »Mutter« versicherte dem unerfahrenen Mädchen, daß es bis zur Niederkunft im Hause bleiben könne und daß das Kind von ihr, der »Mutter«, adoptiert und aufgezogen werde.

Tatsächlich bekam Lucy bis zum Tag der Geburt nicht mit, in welcher Sorte Haus sie gelandet war. Die anderen Bewohnerinnen waren sorgsam darum bemüht, nicht den geringsten Verdacht aufkommen zu lassen. Das Kind starb bei der Geburt. In den folgenden Wochen erholte sich Lucy wieder und teilte bald darauf ihrer Wohltäterin mit, daß sie nun wieder nach Hause zurückkehren wolle. Doch da zeigte diese ihr wahres Gesicht und erklärte dem jungen Mädchen, daß es für die erbrachte Hilfe in ihrer Schuld stehe. Diese Schuld müsse sie erst begleichen, bevor sie das Haus verlasse. Ansonsten sähe sie sich veranlaßt, Lucys Eltern und Freunde zu informieren. Damit blieb dem Mädchen nichts anderes übrig, als zu bleiben.

Drei Jahre verbrachte Lucy in diesem Bordell und schrieb später darüber, daß sie zu ihrer Schande eingestehen müsse, »daß, nach ein paar Lektionen meiner Lehrerinnen, auch ich perfekt in der Ausübung dieser faszinierenden Macht war«.[36]

Im Jahre 1812 lernte sie dann einen jungen Leutnant von einem Freibeuterschiff kennen. Er erzählte ihr von Frauen, die in Männerkleidung auf Reisen gegangen waren oder als Marinesoldaten auf See gekämpft hatten, und bemerkte ihr gegenüber, daß auch er, wäre er als Frau geboren und entschlossen, die Welt zu sehen, sich als Mann getarnt hätte.

Diese Vorstellung ging Lucy von da an nicht mehr aus dem Kopf, und sie schmiedete neue Pläne. Noch immer schämte sie sich, ihren Eltern gegenüberzutreten. Aber auch das Leben als Prostituierte hatte sie satt. Nun wollte sie einen neuen Lebensweg einschlagen, der ihr »Seelenfrieden und Lebensfreude« zurückbringen sollte.

Als Mann verkleidet, verließ Lucy eines Morgens unerkannt das Bordell. Den ganzen Tag über bummelte sie durch die Stadt und genoß es, Orte aufzusuchen, wo Frauen nicht erlaubt waren. Sie hatte zuvor genauestens die Memoiren von Miss Sampson studiert, die sieben Jahre als Soldat verkleidet gedient hatte. Lucy war besonders an den Vorsichtsmaßnahmen interessiert, die Miss Sampson getroffen hatte, um nicht entlarvt zu werden.

Am nächsten Tag musterte die junge Frau auf einer amerikanischen Fregatte an. Sie schreibt, daß sie der Untersuchung, der sich Rekruten normalerweise unterziehen mußten, durch eine »kunstvolle List« entgehen konnte. Lucy wurde angenommen. Daraufhin stattete sie sich erst einmal mit ein paar festen Unterhosen, einer engen Weste und mit ein paar Bandagen für ihre Brüste aus, um ihr wahres Geschlecht zu verbergen.

An Bord lebte sie sich ohne Probleme ein, nachdem sie die anfängliche Seekrankheit überwunden hatte. Im Umgang mit Waffen stellte sie sich sogar so geschickt an, daß sie schon bald unübertroffen im Be- und Entladen war.

Schließlich trafen sie auf einen britischen Segler, und es kam zu einem Kampf, in dem Lucy sich durch besonderen Mut und Tapferkeit auszeichnen sollte. Ungeduldig wartete sie auf ihrem Posten in den Toppsegeln auf den Ausbruch ihres ersten Kampfes.

Diesen Augenblick beschreibt sie folgendermaßen: »... aber ich kann ehrlich sagen, daß ich mich nie gefaßter fühlte als in diesem Moment; während alle anderen aufgeregt auf ihrem Posten standen, fühlte ich ein starkes Bedürfnis, mich hervorzutun, etwas zu leisten, was noch keine Frau geschafft hatte.«[37]

Da die Fregatte nach dem Gefecht reparaturbedürftig war, segelten sie zurück in den Hafen. Lucy ging dort oft an Land und war abends auch häufig mit Frauen unterwegs, die aber niemals ihr Geheimnis durchschauten. Sie selbst verspürte dabei überhaupt kein Bedürfnis, wieder in ein Kleid zu schlüpfen.

Die Fregatte zog noch öfter in den Kampf gegen die Engländer. Eines Tages, nach Beendigung eines Gefechts, fiel Lucy durch einen Fehltritt beim Herunterklettern vom Toppsegel über Bord. Da sie nicht schwimmen konnte, ging sie augenblicklich unter. Sofort wurde ein Boot zu ihrer Rettung ausgeschickt. Die Männer konnten sie noch gerade zur rechten Zeit aus dem Wasser ziehen.

Sobald die Bewußtlose an Deck gebracht war, wollte man ihr die nasse Kleidung ausziehen. Die Männer hatten sie schon fast entkleidet, als Lucy die Augen aufschlug und dieses verhinderte. Sie war noch einmal davongekommen.

Zurück in den Staaten wurde die Mannschaft festlich empfangen und wegen ihrer bedeutenden Schlachten gefeiert. Lucy erhielt eine ansehnliche Auszeichnung. Insgesamt drei Jahre verbrachte sie bei der Marine. In dieser Zeit hatte sie an vier großen Fahrten und drei ernsten Gefechten teilgenommen.

Da sie durch die Auszeichnung zu etwas Geld gekommen war, beschloß Lucy, zu ihren Eltern zurückzukehren. In Boston besorgte sie sich Frauenkleider und verließ die

Lucy Brewer
Frontispiz von The Adventures of Lucy Brewer, *1815*

Stadt auf dem schnellsten Weg, da sie Angst hatte, von ehemaligen Bordellbesuchern oder von Marinekameraden erkannt zu werden.

Gegen Mittag des nächsten Tages traf sie bei ihren Eltern ein. Sie erkannten Lucy nicht sofort, da sie ihre Tochter für tot gehalten hatten. Dann aber gab es ein großes Wiedersehen. Sie erzählte ihren Eltern die ganze Wahrheit, da sie befürchtete, doch eines Tages durch irgendeinen noch so banalen Umstand ertappt zu werden.

Ihre Mutter weinte, als Lucy mit ihrer Geschichte geendet hatte. Und der Vater glaubte ihr die Seeabenteuer erst, als sie ihm die Uniform, die Auszeichnung und andere Stücke aus dieser Zeit vorlegte.

Nun tauschte Lucy ihre Muskete gegen das Spinnrad ein. Aber das hielt sie nicht lange aus. Denn sie schreibt in ihrer Autobiographie, daß für jemanden, »der sechs Jahre lang in der abenteuerlichen Welt gelebt hat, das abgeschiedene Landleben wenig unterhaltsam ist«.[38]

Lucy wollte gern reisen, und zwar vor allem durch die südamerikanischen Staaten. Erst mit dem Versprechen, sich nach ihrer Rückkehr mehr dem häuslichen Leben zu widmen, willigten die Eltern in eine solche Reise ein.

Die junge Frau ging zunächst nach Newport. In diesem Zusammenhang erwähnt sie nur kurz, daß sie aus »bestimmten Gründen« wieder ihre männlichen Gewohnheiten angenommen hatte. Auf der Fahrt kam es zu einem bedeutsamen Zwischenfall: Ein junges, ungefähr siebzehn Jahre altes Mädchen wurde von zwei mitreisenden Männern auf rohe Art angepöbelt. Lucy fühlte sich dadurch ebenfalls angegriffen und beleidigt und hielt es für richtig, das Mädchen zu verteidigen.

Also bedrohte sie von den beiden den gefährlicher Wirkenden mit einem Dolch. Dieser überschüttete sie sofort mit wütenden Beschimpfungen. Doch Lucy bemerkte nur seelenruhig, sie sei fest davon überzeugt, daß ein so grundsatzloser Mensch, der weibliche Schwäche ausnutze, seinen männlichen Mut schon beim ersten Schuß, ja schon bei der ersten Staubwolke verliere.

Der Mann forderte sofort Genugtuung. Lucy willigte ohne Bedenken ein, denn sie schätzte ihr Gegenüber richtig ein: große Worte und nichts dahinter. Sie hatte vor, die ganze Angelegenheit so rasch wie möglich zu beenden.

Als sie wegen einer kleinen Reparatur an der Kutsche eine Pause einlegen mußten, nutzte Lucy die Gelegenheit und besprach ihren Plan mit dem Mädchen und dem Wirt der Schänke, wo sie gerade Station machten. Von dem Wirt bekam sie einige Pistolen und ein Zimmer. Die Pistolen legte sie auf den Tisch und ließ dann ihren Duellgegner rufen.

Forsch betrat dieser das Zimmer, kriegte aber schlotternde Beine und wechselte die Farbe, als er die Pistolen sah. Lucy empfing ihn mit den Worten: »Sie fühlten sich vor ein paar Stunden beleidigt, als ich Sie wegen ihrer Angriffe gegen die junge Dame tadelte. Sie forderten Satisfaktion, die ich Ihnen nun geben werde; wir haben hier die Pistolen, andere Waffen wollen wir nicht, geben Sie mir Ihr Wort, daß Sie keinen Vorteil daraus ziehen werden, daß Sie doppelt bewaffnet sind, und ich werde zufrieden sein; die Pistolen sind gleich geladen, treffen Sie Ihre Wahl, und die Länge des Raumes soll unsere Entfernung sein.«[39]

Der Mann begann zu verhandeln und um Aufschub des Duells bis Newport zu bitten. Lucy erklärte sich jedoch nicht mit einer Verzögerung einverstanden. Zitternd bat er plötzlich um eine »andere Abwicklung der Angelegenheit«.[40]

Damit hatte Lucy genau das erreicht, was sie wollte. Sie forderte den Mann auf, sich bei dem Mädchen zu entschuldigen. Das war für den großspurigen Angeber eine bittere Pille. Die Pistolen waren im übrigen nur mit leeren Patronen geladen.

Lucy reiste noch mehrere Monate durch die Lande, wobei sie immer Männerkleidung trug. »So verkleidet, besah ich mir alle Teile der Stadt und hatte an jeder unbekannten Vergnügung teil.«[41] Danach kehrte sie zu ihren Eltern zurück. Hier enden nicht nur Lucy Brewers Memoiren, sondern vermutlich auch ihr Leben als Abenteurerin.

Ruhmreiche Befehlshaberinnen
Die Chinesinnen

Im »Reich der Mitte« hatte die Piraterie eine lange, ruhmreiche Tradition. Schon im Altertum wurde die chinesische Küste von Seeräubern unsicher gemacht. Seitdem entwikkelte sich die Piraterie kontinuierlich weiter. Sie erhielt sogar einen höchst patriotischen Anstrich, wenn sie sich gegen die Europäer oder die verhaßte Mandschu-Dynastie richtete.

Chinesische Piraten operierten in ganz anderen Größenordnungen als die Seeräuber der westlichen Welt. Befehligte ein europäischer oder amerikanischer Piratenkapitän 300 Leute, so war er eine bedeutende Persönlichkeit. Mit dieser Zahl gehörte ein chinesischer Seeräuber nur zur zweiten Kategorie. Denn die wichtigsten unter ihnen hatten manchmal das Kommando über Flotten von sechshundert, achthundert und sogar tausend Schiffen.

Auch bei den Chinesen gab es eine ganze Reihe von Frauen, die als Piratenkapitäninnen große Bedeutung erlangten. Über die Anfänge weiblicher Seeräuberei im chinesischen Raum gibt es möglicherweise historische Quellen, doch liegen diese nicht in Übersetzung vor. Daß aber Frauen schon in dieser Zeit unter den Freibeutern vertreten waren, zeigt die Legende, in der von der ruhmreichen Piratin Tschiao Kuo-fu-jen die Rede ist: Bereits in grauer Vorzeit trieben chinesische Piraten ihr Unwesen vor der Küste der Samurai. Sie machten die Meere unsicher und hatten sich vor allem auf den Raub junger, schöner Mädchen spezialisiert.

Einmal befand sich unter den verschleppten Frauen ein Mädchen namens Pao. Sie war sehr schön und auch sehr stolz. Der Piratenkapitän wählte sie sich sofort aus. In dem

Moment aber, in dem er versuchte, Pao zu berühren, verwandelte sich ihr kostbarer Seidenschal in eine kleine Hecke aus gelben Rosen mit unzähligen Dornen. Die Hecke wand sich rund um das Lager von Pao und schützte sie während der langen Seefahrt vor der Lüsternheit der Männer. An Land bot man Pao zur Versteigerung an, wo sie wegen ihrer Schönheit und wegen des Wunders einen hohen Preis einbrachte. Sie kam in das Gefolge des Sohnes der Sonnenkönigin.

Eines schönen Tages, als sie mit anderen Frauen am Strand unter strenger Aufsicht von Wächtern spazierenging, erschien ein schnelles Boot. Schwer bewaffnete Seeleute sprangen heraus und erschlugen die Bewacher der Frauen.

In der Not wollte Pao ihren Schal, den sie niemals ablegte, um das erneute Wunder der Hecke bitten, als sie im letzten Moment ihre Landsmännin Tschiao Kuo-fu-jen, die ruhmreiche Anführerin einer die Meere durchstreifenden Freischar erkannte. Da wußte Pao, daß sie gerettet war und wieder nach Hause konnte.

Soweit zu den Legenden. Ganz konkret sind hingegen die Informationen, die es zu der Witwe Ching gibt. Sie gilt als die berühmteste aller chinesischen Piratinnen. Zwischen 1804 und 1850 beherrschte die Seeräuberin die gesamte chinesische Küste vom Nordzipfel des Gelben Meeres bis zur Straße von Malakka hinunter. Ihr Mann war Seeräuber-Admiral über sechs Flotten, als er starb. Seine Todesursache ist nicht genau bekannt. Die einen Quellen sprechen von einem Taifun in der Formosastraße, die anderen von Folter.

Nach seinem Tod übernahm die Witwe Ching das Kommando. Als erstes brachte sie die zerrüttete Flotte wieder auf Vordermann. 1809 ließ sie sich von ihren Leuten als Admiral bestätigen. Sie vervollständigte die Flotte

Die chinesiche Freibeuterin Tschiao Kuo-fu-jen in elegantem Kettenpanzer
Malerei auf Seide gegen Ende des 6. Jahrhunderts

und teilte sie in sechs große Geschwader zu jeweils hundert Kriegsdschunken.

Fast jede Dschunke war mit bis zu fünfundzwanzig Geschützen bestückt, dazu fast ebenso viele Transporter, Aufklärer, Versorgungs- und sogar Küchenschiffe mit insgesamt über sechzigtausend Besatzungsmitgliedern. Jeder Verband besaß eine eigene Flagge und ein eigenes Abzeichen. Das Admiralitätsgeschwader trug einen goldenen Drachen auf rotem Grund.

Die Witwe Ching hatte es nur auf die Reichen abgesehen. Sie plünderte und brandschatzte die Güter und Paläste der Mandarine. Die Bauern verschonte sie, verpflichtete sie aber, alle ihre Erzeugnisse zuerst oder auch nur an sie zu liefern. So bekamen die Raubzüge der Witwe einen Anstrich des sozialen Ausgleichs. Die Piratin selbst sprach auch niemals von »Beute«, sondern stets nur von »übernommenen Gütern«.

Innerhalb ihrer Flotte verlangte die Witwe Ching strikte Disziplin. Sie verfaßte strenge Vorschriften für die Besatzungen. Diese Regeln ähnelten sehr stark den Gesetzen, die hundert Jahre zuvor auch von den europäischen und amerikanischen Kapitänen aufgestellt wurden. Darin hieß es unter anderem: »Nicht der kleinste Gegenstand darf von der Beute privat beiseite gebracht werden. Alles muß genau registriert werden. Dem einzelnen stehen von zehn Teilen nur zwei zu. Acht Teile kommen ins Lagerhaus, in den allgemeinen Grundvorrat. Wer aber daraus etwas nimmt ohne Erlaubnis, wird mit dem Tode bestraft. Geht irgend jemand eigenmächtig an Land, sollen seine Ohren von der ganzen Flotte durchlöchert werden. Bei nochmaliger Übertretung soll er den Tod erleiden. Niemand soll seine Lust an gefangenen Frauen in den Dörfern oder auf offenen Plätzen stillen … Gegen eine Frau Gewalt anzuwenden … wird mit dem Tode bestraft.«[42]

Die Witwe Ching war eine gute und tüchtige Geschäftsfrau. Daneben besaß sie ein hervorragendes Organisationstalent. Meist lebten Piraten von der Hand in den Mund. Doch durch ihre umsichtige Zukunftsplanung waren ihre Geschwader stets gut verpflegt, gut gerüstet und gut gelaunt.

Dem chinesischen Kaiser Hsuan Tsung war das erfolgreiche Treiben der Witwe Ching jedoch ein Dorn im Auge. Insgesamt viermal schickte er Flotten gegen die Piratin und viermal wurden die kaiserlichen Verbände vernichtend geschlagen.

Bei dem ersten Schlag war es gelungen, einen kaiserlichen Admiral gefangenzunehmen. Die Witwe Ching redete sanft und beruhigend auf den verzweifelten Mann ein. Doch dieser empfand die milde Behandlung als solche Schmach, daß er sich seinen Dolch durch die Kehle stieß und zu den Füßen der Piratin starb.

Daraufhin lamentierte ein Leutnant namens »Feste aller Festen« von einem der Geschwader der Witwe Ching: »Wir sind nur Rauch im Wind, nur wie die Woge der See im Taifun, wie zerbrochene Bambusstäbe, hinfließend und versinkend, auf und ab, ohne der Rast zu gedenken. Der Tod dieses tapferen Admirals wird über uns kommen. Wer wird glauben, daß er sich selber tötete? Man wird uns vorwerfen, wir seien so ruchlos gewesen, ihn umzubringen, nachdem er sich ergeben …«[43]

Tatsächlich wurde ein zweiter Feldzug gegen die Witwe durchgeführt. Aber den Admiral, der dieses Mal das Kommando führte, verließ angesichts der beeindruckenden Flotte seiner Widersacherin der Mut. Er versuchte zu flüchten, wurde jedoch eingeholt und dann erschlagen.

Bei den Schlachten zeigte sich immer wieder, daß die Witwe Ching eine glänzende Strategin war. Das konnte sie auch bei dem dritten Feldzug des Kaisers gegen sie unter

Beweis stellen. Dieses Mal schickte er hundert Kriegsschiffe los, denen es gelang, einen Teil des Piratengeschwaders zu schlagen. Daraufhin strebten die kaiserlichen Kriegsschiffe eilig mit ihrer Beute dem Heimathafen zu.

Die Witwe Ching hatte jedoch in der Zwischenzeit ihre restlichen Verbände gesammelt und war dem Feind hinterhergesegelt. Dann holte die Piratin zu dem entscheidenden Schlag aus und schaffte das, womit keiner mehr gerechnet hatte: Sie zersprengte die gesamte Regierungsflotte. Das trug deutlich zu einer weiteren Steigerung des Ansehens dieser unerschrockenen Frau bei.

Bis zum nächsten großen kaiserlichen Angriff plünderten die Witwe Ching und ihre Seeräuberflotte ganze Städte bis tief die Flußläufe hinauf. Sie trieb außerdem einen einträglichen Handel mit geraubten jungen Frauen und scheute auch nicht davor zurück, europäische Schiffe zu überfallen und hohe Lösegelder für ihre weißen Gefangenen zu erpressen.

Da die Witwe Ching nicht durch militärische Maßnahmen bezwungen werden konnte, versuchte die chinesische Regierung, sie und ihre Leute mit einem Pardon zu ködern. Mit Erfolg. Aus ihrer Flotte unterwarf sich der Führer vom Geschwader »Schwarze Flagge« zusammen mit den achttausend Leuten seiner Befehlsgruppe.

Das bedeutete für die Admiralin gleichzeitig den Verlust von den dazugehörigen einhundertsechzig Dschunken, den fünfhundert Kanonen und fünftausendsechshundert Waffen verschiedenster Art. Die Überläufer bekamen von der Regierung zwei große Wohnsiedlungen mit dazugehörigem, ausreichendem Ackerland.

Dieser Treuebruch ihres Führers war für die Witwe Ching ein herber Schlag und eine deutliche Schwächung ihrer Kampfkraft. Ihr blieb nichts anderes übrig, als es ihrerseits auch mit Verhandlungen zu versuchen. »Ich bin zehnmal so stark wie diese schwarze Ratte von Verräter. Wie viele Städte hat das Kabinett denn mir zu bieten?«[44] Die Verhandlungspartner lächelten nur vielsagend.

Nach langen Diskussionen war die Regierung lediglich dazu bereit, jedem Piraten, der nun noch »den Pfad der Tugend« betreten wollte, eine Wegzehrung in Form von einem Stück Schweinefleisch, einem Liter Wein und etwas Zehrgeld zu geben.

Die Witwe Ching sah keine andere Möglichkeit mehr, als ihr Geschwader aufzulösen und sich selbst nach Macau zurückzuziehen. Hier übernahm sie die Leitung eines Schmuggelunternehmens. Sie entwickelte es, wie nicht anders zu erwarten war, zu einem der größten Unternehmen dieser Art. Anderen Quellen zufolge soll die Piratin wieder geheiratet haben und damit sozusagen in den Ruhestand getreten sein.

Die meisten der ehemaligen Gefolgsleute der Witwe Ching traten in die chinesische Armee ein. Von den übrigen folgte ein Teil dem Beispiel der Admiralin und tauchte unter. Ein anderer Teil sah sich plötzlich mit der Tatsache konfrontiert, daß die Regierung auf einmal den Pardon verweigerte und einhundertfünfzig Männer hinrichtete.

Nur einer der früheren Führer aus der Flotte der Witwe Ching wagte den Ausbruch, um weiter der Piraterie treu zu bleiben. »Nahrung der Kröten« floh mit seinem Verband zu den Philippinen. Unterwegs zuerst von heftigen Stürmen heimgesucht, wurden die Schiffe dann von spanischen Fregatten abgefangen. Die noch verbliebenen sechsundachtzig Dschunken mit etwa viertausend Besatzungsmitgliedern mußten sich schließlich im Hafen von Manila freiwillig ergeben.

Wie die Witwe Ching, so führte auch die Witwe Lo Hon-cho nach dem Tode ihres Mannes 1921 dessen seeräuberisches Unternehmen weiter. Bald wurde sie der

Schrecken der Küstengewässer in dem Gebiet um Pag-choj (auch: Packhoi). Sie führte als Admiralin ihre Flotte von anfangs sechzig seetüchtigen Dschunken in bester Piraten-Tradition weiter.

Die Witwe Lo Hon-cho soll noch sehr jung gewesen sein, als sie das Kommando übernahm. Sie hatte den Ruf, eine schöne, aber unerbittliche Piratin und Mörderin zu sein. Während der vorrevolutionären Bürgerkriege schloß sich die Witwe Lo Hon-cho dem Stab von General Wong Min-tong an, wo sie es bis zum Oberst brachte. Über ihr weiteres Leben berichten die Quellen dann jedoch Unterschiedliches.

Die eine Version lautet, daß sie nach den Bürgerkriegen wieder Piratin geworden sei und eine ganze Reihe von Dörfern überfallen habe, um dort Dutzende von Frauen zu verschleppen und zu verkaufen. Eine andere Quelle gibt nur an, daß die Piratin im Jahre 1922 spurlos verschwunden sei.

Über das Lebensende der Seeräuberin gibt es jedoch keinerlei Angaben. Bekannt ist lediglich die Tatsache, daß sie einen Teil ihrer Dschunken an eine andere Piratin weitergab: an Lai Choi-san.

Zu dem Zeitpunkt, da ihr die vierundsechzig seetüchtigen Dschunken zufielen, besaß Lai Choi-san selbst zwölf Schiffe. Ab etwa 1930 trat sie dann als Piratin in Erscheinung und betrieb die Seeräuberei höchst erfolgreich bis zum Beginn des Zweiten Weltkriegs.

Lai Choi-san, deren Name soviel wie »Berg des Glücks« oder »Berg des Schicksals« bedeutet, beschränkte sich darauf, in der Bucht von Bias lediglich die kleineren Frachter zu überfallen. Ihre Piratenschiffe waren alle gut bewaffnet, wobei das Repertoire ihrer Kanonen von Bronzemörsern aus der portugiesischen Kolonialzeit, Festungsgeschützen aus der Zeit Napoleons über Feldschlangen vom Ende des

Die chinesiche Piratin Lai Choi-san (rechts)
an Bord ihrer Führerdschunke

letzten Jahrhunderts bis hin zu ganz modernen Erzeugnissen der Waffenindustrie reichte.

An Bord lebte Lai Choi-san sehr einfach. Sie trug dort am liebsten »praktische moderne Soldatenkleidung«. Darin konnte sie am besten ihrem Ruf als hervorragender Schützin gerecht werden. Aber nicht nur ihre kämpferische Leistung stieß auf viel Bewunderung, sondern auch ihre glänzenden Fähigkeiten als Geschäftsfrau.

Wie für die meisten anderen chinesischen Piraten war die Erpressung von Lösegeldern eine gute Einnahmequelle für Lai Choi-san. Dabei ging sie mit den Gefangenen nicht gerade zimperlich um und behandelte sie mit einer damals durchaus üblichen Grausamkeit. Denn wurde das Lösegeld nach der zweiten Mahnung nicht gezahlt, erhielt die Familie zusammen mit der dritten einen abgeschnittenen Finger oder ein Ohr des Gefangenen. Erfolgte dann noch immer keine Zahlung, ließ die Piratin die Geiseln erbarmungslos erstechen.

Zur gleichen Zeit wie Lai Choi-san lebte Tang Chen-chiao. Sie wurde auch »die goldene Anmut« genannt und war über Hongkong hinaus für ihre Schönheit bekannt. Ihr Operationsgebiet lag an den Küsten des Tung-hai, des Ostchinesischen Meeres bis hinauf nach Shanghai. Hier besaß Tang Chen-chiao eine ganze Reihe von Schlupfwinkeln für ihre Flotte, die zum Teil sogar schon motorisiert war.

Die schöne Piratin galt als überaus kaltherzig. Einige der grausamsten Überfälle zur See wurden ihr zur Last gelegt. Dabei richtete sich ihr besonderer Haß gegen alles »Westliche«. Von der nationalen Regierung wurde sie 1938 verhaftet und in Kanton zu lebenslänglichem Zuchthaus verurteilt. Später soll sie aber freigekommen sein. Es wird berichtet, daß Tang Chen-chiao zuletzt in Kanton mit Reiskuchen gehandelt habe.

Schlußbemerkungen

Das Leben all dieser zuvor beschriebenen Seefrauen stellt eine persönliche Unabhängigkeitserklärung dar, auch wenn es die unterschiedlichsten Motive waren, die die einzelnen Frauen zur Seefahrt brachten. Mal galt es, einer ungewollten Ehe zu entkommen (Anne Bonny) oder Rache zu nehmen (Dame de Clisson). Thronfolgestreitigkeiten (Rusla) spielten dabei ebenso eine Rolle wie auch eine grundsätzliche Protesthaltung (Altilda), wirtschaftliche Not (Louise Antonini), äußerer Zwang (Mary Ann Talbot), Geschäftstüchtigkeit (Lady Killigrew) oder Erbnachfolge (Witwe Ching).

Natürlich stellen die hier genannten und in diesem Buch vorgestellten Seefrauen nur eine willkürliche Auswahl dar. Es gab noch mehr mutige Frauen, die ebenfalls ihren Platz in diesem Buch gehabt hätten. Nur waren die Informationen in diesen Fällen so spärlich, daß es noch nicht einmal gelungen wäre, zumindest einen Eindruck von der Persönlichkeit dieser Frauen zu vermitteln.

Doch eines läßt sich zumindest zusammenfassend über alle diese genannten und ungenannten Frauen sagen: Allen war ein ungewöhnlicher Mut und zähe Entschlossenheit gemeinsam. Die einzelnen Geschichten zeigen nur zu deutlich, daß sie selbst unter den ungünstigsten Bedingungen nie völlig unterwürfig waren. Schon allein dadurch, daß sie ihr Geschlecht verbargen und sich auf einem verbotenen Gebiet bewegten, leisteten sie phantasievollen Widerstand. Ihre Taten standen in heftigem Kontrast zum eigentlichen Rollenverständnis des weiblichen Geschlechts und vermittelten eine Stärke, die Frauen ansonsten nicht zugebilligt wurde.

Viele von ihnen waren Lesben (Anne Bonny, Mary Read), was vor allem die männliche Geschichtsschreibung ihnen offiziell nicht zugestehen wollte. Diese Frauen bewiesen auch dadurch Mut, daß sie aus ihrer Liebe zum eigenen Geschlecht keinen Hehl machten (Dona Catalina de Erauso).

Nicht alle Frauen mußten in Hosen schlüpfen, um auf See ihren Weg zu machen. Vor allem die Piratinnen (Witwe Ching, Russila) konnten ganz offen als Frauen leben und auftreten. Aber auch wenn sie aus angesehenen Familien stammten (Grace O'Malley, Dame de Clisson), brauchten sie ihr wahres Geschlecht nicht zu verbergen. Die Verkleidung als Mann wurde jedoch erforderlich, wenn sie bei der Marine dienten oder auf einem Handelsschiff arbeiteten (Mary Ann Talbot, Lucy Brewer).

Ob Verkleidung oder nicht, alle diese Frauen warfen die bestehenden Vorurteile ihrer Zeit einfach über Bord und bemühten sich, ihre Lebenssituation aktiv zu bewältigen. In den schwierigsten Situationen bewiesen sie nicht nur einen ausgeprägten Verstand, sondern auch körperliches Durchhaltevermögen. Zart besaitet durften sie ohnehin nicht sein, da sie sich als Piratinnen oder Marinesoldatinnen ständig in blutigen Schlachten behaupten mußten. Ob man ihre Greueltaten nun positiv oder negativ bewerten will, sei dahingestellt. Eines ist jedoch sicher, diese Lebensgeschichten stellen den klaren Beweis dafür dar, daß der Mythos von der physischen und psychischen Unterlegenheit der Frau nicht mehr zu halten ist. In der von Männern geschriebenen Geschichte gingen sie in der Regel jedoch als »seltsame Nonnen«, »rasende Furien« oder »Megären« ein. Die patriarchale Geschichtsschreibung tat praktisch alles, um diese rebellischen Frauen zu verbannen. Ihre Zeitgenossinnen wussten von diesen Abenteurerinnen unter ihnen nichts oder nur sehr wenig.

Noch immer werden Frauen im Zusammenhang mit der Seefahrt in einer passiven Rolle gesehen. So sind sie entweder wartende Seemannsbräute, die geduldig auf die Rückkehr des Liebsten warten, oder sie sind bestenfalls die perfekte Bordfrau, die dem meist angetrauten Skipper das Rückgrat stärkt durch liebevoll zubereitete Mahlzeiten an Bord, wie überhaupt ihre häuslichen Pflichten an Land einfach aufs Schiff verlagert werden. Und dies, obwohl es zahlreiche Beispiele für großartige Leistungen von Frauen auf See gibt. Die in diesem Buch vorgestellten Biographien stellen nur eine kleine Auswahl dar. Auch in der Gegenwart gibt es Beispiele hervorragenden seefrauischen Könnens. Ich erinnere nur an Naomi James, die erste Frau, die einhand um die Welt gesegelt ist, und, und, und …

Und seit der Zeit unserer maritimen Ahninnen flüstert der Wind uns ins Ohr: »Piratinnen! Das Meer gehört uns!«

Altilda
Prinzessin gotischer Herkunft, ca. 8./9. Jahrhundert, Wikinger-Piratin.

Louise Antonini
Aus Korsika stammende Marinesoldatin, lebte im 19. Jahrhundert.

Arsinoe II.
Pharaonin im 3. Jahrhundert v. Chr., Förderin der ägyptischen Seefahrt.

Artemisia I.
Königin, nicht nur Befehlshaberin, sondern auch aktive Piratin und Marinesoldatin aus Kilikien (heutige Südtürkei) im 5. Jahrhundert v. Chr.

Anne Bonny
Geboren 1700 in Irland, aus reicher, nach Amerika ausgewanderter Familie stammend, aktive Piratin in der Karibik, aktenkundig bis etwa 1720 (auch Bonney geschrieben).

Lucy Brewer
Geboren 1793 oder 1794 in der Nähe von Boston, Marinesoldatin.

Ching
Bedeutende Piratin aus China, aktiv auf Seeraub zwischen 1804 und 1850.

Dame de Clisson (Jeanne de Belleville)
Fürstin aus Nantes/Frankreich, aktiv als Piratin von 1343 bis 1360.

Julienne David
1779 in Nantes geboren, Freibeuterin und Marinesoldatin, gestorben 1843 in Nantes.

Elissa von Phönizien
Prinzessin, 8. Jahrhundert v. Chr., nach der Mythologie Gründerin von Karthago, Seefahrerin und Piratin.

Catalina de Erauso
Geboren 1592 in San Sebastian, Spanien; wirkte als Matrosin, Piratin und Soldatin vor allem in Südamerika, gestorben 1635 in Veracruz, Mexiko.

Lo Hon-cho
Chinesische Piratin, um 1921/22 aktiv.

Lady Killigrew
Piratin, Oberhaupt des Piraten-Syndikats der Killigrews, 16. Jahrhundert.

Lai Choi-san
Chinesische Piratin, um 1930 aktiv.

Grace O'Malley
Irische Fürstin, Oberhaupt des O'Malley-Clans, Piratin und Seefahrerin, geboren 1530, gestorben um 1603.

Mary Read
Geboren 1692 in London, aktive Piratin, Matrosin und Marinesoldatin, gestorben am 4. 12. 1720 im Gefängnis von St. Jaga de la Vega/Jamaika.

Rusla
Norwegische Prinzessin, ca. 8./9. Jahrhundert, politisch motivierte Piratin.

Russila
Norwegische Piratin, ca. 8./9. Jahrhundert.

Sela
Norwegische Prinzessin und Piratin, ca. 8./9. Jahrhundert.

Stikla
Norwegische Piratin, ca. 8./9. Jahrhundert.

Mary Ann Talbot
Geboren am 2. 2. 1778 in London, Marinesoldatin, auch Schauspielerin, gestorben am 4. 2. 1808.

Tang Chen-chiao
Chinesische Piratin, in der ersten Hälfte dieses Jahrhunderts aktiv.

Teuta von Illyrien
Königin, Oberbefehlshaberin der Piraten Illyriens (ehemaliges Jugoslawien), ca. 300 v. Chr.

Tschiao Kuo-fu-jen
Nach der chinesischen Legende lebte sie ca. 600 v. Chr. und war eine Piratin.

Worterklärungen

Achterdeck: das Deck im achteren (hinteren) Teil des Schiffes
Bilge: tiefster Raum im Schiff, in dem sich Wasser, Öl und Schmutz sammeln
Brigantine: Zweimaster, der vordere Mast trägt Rahsegel, der hintere Gaffelsegel
Brigg: Zweimaster mit Rahentakelung, gekürzt aus: Brigantine
Bug: vorderster Teil eines Schiffes
Crew: Besatzung eines Schiffes
Dschunke: chinesisches Schiff mit Gaffelsegel
Entern: ein feindliches Schiff stürmen
Flaggschiff: Kriegsschiff, das die Flagge des Befehlshabers führt
Fregatte: Dreimast-Rahsegeler oder auch Vollschiff genannt
Gaffel: Spiere, an dem das Oberliek eines Gaffelsegels festgemacht wird
Galionsdeck: Galion = Vorbau am Bug älterer Segelschiffe, Galionsdeck = vorderes Deck
Gut: Tauwerk der Takelage
Kalfatern: Abdichten von Ritzen und Fugen im Bootskörper
Kaper: bewaffnetes Schiff, das am Handelskrieg teilnahm, ohne der Kriegsmarine anzugehören; Freibeuter, Seeräuber
Karavelle: portugiesischer Segelschifftypus des 15. und 16. Jahrhunderts
Kartätsche: mit Bleikugeln gefülltes Artilleriegeschoß für kurze Entfernungen
Kielholen: Strafmaßnahme, bei der jemand über die am unteren Teil des Schiffsbodens haftenden Muscheln gezogen wurde
Klüver: ein Vorsegel, das vor der Fock gefahren wird
Klüverbaum: ein über den Vorsteven hinausragendes Rundholz zur Befestigung von Vorsegeln
Logger: kleinerer Küstensegler, meist für den Fischfang genutzt
Lot: Bleigewicht an gemarkter Leine zur Messung der Wassertiefe
Maat: Unteroffizier

Marlpfriem oder *Marlspieker:* Metalldorn, an jedem Segelmesser vorhanden, erfüllt viele Zwecke, z. B. das Verbinden von Drahttauwerk

Moses: spöttische Bezeichnung des jüngsten Besatzungsmitgliedes an Bord; Schiffs- bzw. Decksjunge, abgeleitet aus dem frz. »Mousse« = Schiffsjunge

Oberliek: obere Kante eines viereckigen Segels

Pardon: veraltet für Verzeihung, Gnade, Begnadigung

Poop: bei einem (Handels)Schiff die Hütte, der hintere Aufbau

Prise: aufgebrachtes feindliches Schiff oder die beschlagnahmte Ladung eines solchen Schiffes

Quartermeister: auf Piratenschiffen nach dem Kapitän der wichtigste Mann an Bord

Rah: Spiere, an die das Rahsegel mit dem Oberliek angeschlagen ist

Rahsegel: Segel, das an einer Rah gefahren wird

Reffen: die Segelfläche verkleinern

Schaluppe: schneller Einmast-Segler, der an seinen Masten eine große Menge Segel führt, hauptsächlich für den Kampf konstruiert

Schott: wasserdichte Quer- oder Längswand im Schiff (Trennungswand)

Senkblei: siehe Lot

Shanghaien: einen Matrosen gewaltsam heuern

Spiere: jede Art von Rundholz außer Mast

Spleißen: Spalten bzw. Verbinden von Tauen

Steven: vordere und hintere Begrenzung eines Schiffes

Tampen: das Ende eines Taues

Topp: oberes Ende, z. B. eines Mastes

Toppsegel: ein über dem Gaffelsegel zwischen Topp und Gaffel gesetztes Segel

Vierpfünder: Feuerwaffen, aus denen zunächst kugelförmige Geschosse verfeuert wurden. Bei Handfeuerwaffen waren diese aus Blei, bei Geschützen anfänglich aus Stein, später aus Gußeisen. Das Gewicht der gußeisernen Kugel war Kennzeichen der Geschützgröße (Vier-, Sieben-, Zwölfpfünder u.s.w.)

Bildnachweis

S. 17 Lionel Casson, Die Seefahrer der Antike, München 1979.

S. 25 Douglas Botting, Die Piraten, Amsterdam 1989.[5]

S. 32 Fernand Salentiny, Piraten, Wels 1978.

S. 37 Ebd.

S. 62 Anne Chamers, ›A Notorious Woman‹. Granuaile – The Life and Times of Grace O'Malley, Dublin 1988.[2]

S. 65 Rudolf Dekker/Lotte van de Pol, Frauen in Männerkleidern. Weibliche Transvestiten und ihre Geschichte, Berlin 1990.

S. 81 Hans Leip, Bordbuch des Satans, Berlin 1960.

S. 92 Ebd.

S. 116 Alexander G. Medlicott, The Female Marine or Adventures of Miss Lucy Brewer, New York 1966.

S. 127 Wolfram zu Mondfeld, Das Piratenkochbuch, Frankfurt 1988.

Anmerkungen

1 Botting, S. 31.
2 Ebenda.
3 In Anlehnung an Leip, S. 57.
4 Salentiny, S. 68.
5 Terhart, S. 58.
6 Chambers, S. 78.
7 Terhart, S. 138
8 Ebenda.
9 Brunch, S. 49.
10 Ebenda, S. 51.
11 Ebenda.
12 Ebenda, S. 52.
13 Utrio, S. 397.
14 Jekel, S. 93.
15 Ebenda, S. 124.
16 Baker, S. 81.
17 Ebenda.
18 Ebenda, S. 227.
19 Ebenda.
20 Baker, S. 87.
21 Vgl. Jekel.
22 Vgl. Jekel.
23 Baker, S. 91.
24 Ebenda, S. 92.
25 Jekel, S. 394.
26 Ebenda.
27 Talbot, S. 12.
28 Ebenda, S. 14.
29 Ebenda, S. 17.
30 Ebenda, S. 35 f.
31 Ebenda, S. 57.
32 Ebenda, S. 64.
33 Ebenda, S. 84.
34 Ebenda, S. 5.
35 Ebenda, S. 17.
36 Ebenda, S. 25.
37 Ebenda, S. 40.
38 Ebenda, S. 70.
39 Ebenda, S. 74.
40 Ebenda, S. 70.
41 Ebenda, S. 74.
42 Leip, S. 522.
43 Ebenda, S. 521/522.
44 Ebenda, S. 524.

Literaturverzeichnis

Alioth, Gabrielle: Piratenkönigin Grace O'Malley, in: Emma 8/86, S. 28/29.

Baker, Susan: Anne Bonny und Mary Read. Piratinnen, in: Erinnerungen an Frauen, Berlin 1977, S. 79–92.

Bappert, Regina: Mann-Weiber, in: Emma 1/86, S. 50–52.

Bardelle, Frank: Freibeuter in der karibischen See. Zur Entstehung und gesellschaftlichen Transformation einer historischen »Randbewegung«, Münster 1986.

Bock, Gisels: Historische Frauenforschung. Fragestellungen und Perspektiven, in: Karin Hansen (Hrsg.), Frauen suchen ihre Geschichte, München 1987, S. 24–62.

Böckl, Manfres: Die neun Leben der Grainne O'Malley. Die Abenteuer einer irischen Piratin, München 1991.

Botting, Douglas: Die Piraten, Time Life, Amsterdam 1989[5].

Brunch, Charlotte: Dona Catalina de Erauso. Die Nonne zur See, in: Erinnerungen an Frauen, Berlin 1977, S. 47–53.

Brustal-Naval, Fritz: Die Kap-Horn-Saga, Frankfurt a. M./Berlin 1987.

Bühler, Wolf-Eckart: Der Piratenfilm, in: Filmkritik Nr. 203, 17. Jahrgang, Heft 10, 1973, S. 435–490.

Casson, Lionel: Die Seefahrer der Antike, München 1979.

Chambers, Anne: A Notorious Woman. Granuaile – The Life and Times of Grace O'Malley. 1530–1603, Dublin 1988[2].

Chicago, Judy: The Dinner Party, Frankfurt a. M. 1987.

Dampier, William: Freibeuter 1683–1691. Das abenteuerliche Tagebuch des Weltumseglers und Piraten, Tübingen 1977.

Dekker, Rudolf/van de Pol, Lotte: Frauen in Männerkleidern. Weibliche Transvestiten und ihre Geschichte, Berlin 1990.

Exquemelin, Alexandre Olivier: Das Piratenbuch von 1678. Die amerikanischen Seeräuber, Stuttgart 1983.

Faderman, Lillian: Köstlicher als die Liebe der Männer, Zürich 1990.

Gosse, Philip: The Pirates' Who's Who. Giving Particulars of the Lives and Deaths of the Pirates and Buccaneers, London 1924.
Hansen, Karin (Hrsg.): Frauen suchen ihre Geschichte, München 1987.
Hausmann, Friederike: Die letzten Korsaren, in: Vierteljahreszeitschrift für Kultur und Politik, Nr. 25, Berlin 1985, S. 79–82.
Herodot: Historien IV, München 1961.
Jekel, Pamela: Die Piratenkönigin, Bergisch-Gladbach 1988.
Knill, Harry: The New, Comprehensive, and Impartial History of Pirates. From a Very Early Period of Authentics Information, Santa Barbara 1975.
Leip, Hans: Bordbuch des Satans. Eine Chronik der Freibeuterei vom Altertum bis zur Gegenwart, Berlin 1960.
Medlicott, Alexander G.: The Female Marine or Adventures of Miss Lucy Brewer, New York 1966.
Mellah, Fawzi: Die Irrfahrt der Königin Elissa, Gründerin Karthagos, Frankfurt a. M. 1989.
Miles, Rosalind: Weltgeschichte der Frau, Düsseldorf 1990.
Mondfeld, Wolfram zu: Das Piratenkochbuch, Frankfurt a. M./ Berlin 1988.
Neukirchen, Heinz: Seefahrt im Wandel der Jahrtausende, Berlin-Ost 1985.
Rennert, Udo: Lebensbeschreibungen einiger berühmter Freibeuter und Freibeuterinnen, in: Vierteljahreszeitschrift für Kultur und Politik, Nr. 25, Berlin 1985.
Russell, Mary: Vom Segen eines guten festen Rocks, München 1987^2.
Salentiny, Fernand: Piraten, Wels/Austria 1978.
Shahar, Shulamit: Die Frau im Mittelalter, Frankfurt a. M. 1988.
Schreiber, Hermann: Kurze Geschichte der Seeräuberei, in: Exquemelin, Alexandre Olivier: Das Piratenbuch von 1678, Stuttgart 1983, S. 9–60.
Schwarz, Gudrun: »Mannweiber« in Männertheorien, in: Karin Hansen (Hrsg.), Frauen suchen ihre Geschichte, München 1987, S. 64–82.
Talbot, Mary Ann: Das Leben und die erstaunlichen Abenteuer

der Mary Ann Talbot – Autobiographie, Frankfurt a. M./Berlin 1990.

Terhart, Franjo: Ich – Grace O'Malley. Die abenteuerliche Geschichte einer irischen Piratin, Recklinghausen 1991.

Utrio, Kaari: Evas Töchter. Die weibliche Seite der Geschichte, Hamburg/Zürich 1987.

Villiers, Patrick: Abenteurer und Angestellte. Zur Geschichte der Freibeuterei, in: Vierteljahreszeitschrift für Kultur und Politik, Nr. 25, Berlin 1985, S. 57–68.

Virgil: Aeneis – 12 Gesänge, Stuttgart 1962.

Frauen im Unionsverlag

Anjana Appachana
Meine einzigen Götter
Anjana Appachana erzählt beklemmend und witzig, wie junge indische Frauen und Männer versuchen, den Bannkreis der Tradition zu durchbrechen. 240 Seiten, gebunden

Calamity Jane
Briefe an meine Tochter
Schon zu Lebzeiten, als sie durch den Wilden Westen ritt, hat sie Phantasien erregt und Gemüter erhitzt. Für Hollywood wurde sie von Jane Russell und Doris Day verkörpert. Doch die Frau hinter dem Mythos blieb unbekannt. 128 Seiten, UT 73

Joan Clark
Der Triumph der Geraldine Gull
Am Rande der Hudson Bay, zwischen der Baumgrenze und den Eisbergen, liegt verloren und vergessen das Indianerdorf Niska. Ein Fluch scheint über ihm zu liegen, bis die rätselhafte, unbezähmbare Geraldine Gull mit ihrer Vision den Bann bricht. 400 Seiten, gebunden

Assia Djebar
Weit ist mein Gefängnis
Dieser Roman wächst aus dem Raunen der Frauen, dringt in vergangene Epochen vor. Jede Welt öffnet eine Tür, und dahinter liegt eine noch ältere verborgen. Djebar erschließt autobiographisch und historisch das Algerien, das tief in ihr verborgen liegt. 384 Seiten, gebunden

Buchi Emecheta
Zwanzig Säcke Muschelgeld
Nnu Ego hat ihrem Vater zwanzig Säcke Muschelgeld eingebracht, obwohl er mit ihrer Mutter nicht einmal verheiratet war; denn die stolze Ona hatte es immer abgelehnt, die untergebene Ehefrau zu spielen. Dafür gerät Nnu Ego um so tiefer in die Maschen der Forderungen an eine »vollwertige afrikanische Frau«. 264 Seiten, UT 14

AUFMÜPFIG,

ABENTEUERLUSTIG &

AMÜSANT

Florence Hervé / Ingeborg Nödinger

Lexikon der Rebellinnen

280 Seiten, 100 Abbildungen
ISBN 3-931782-03-4

600 Frauen auf einen Streich aus allen Zeiten und Kontinenten bietet das »Lexikon der Rebellinnen« – ein praktisches Nachschlagwerk von A bis Z, das in keinem Bücherregal fehlen sollte.

»… Vor allem aber ist es spannend, darin zu schmökern, und leicht liest man sich fest in den Lebensläufen von Künstlerinnen, Politikerinnen, Widerstandskämpferinnen, Forschungsreisenden.«
Brigitte

edition ebersbach

Bornstraße 68
44145 Dortmund